한국생활사박물관

04

백 제 생 활 관
LIVING IN THE LAND OF MYSTERY

사ㅁㅁ계절

한국생활사박물관 편찬위원회

편집인	강응천
연구 · 편집	김영미
기획	(주)사계절출판사

집필	송호정(백제실)
	차창룡(야외전시)
	김장성(가상체험실)
	권오영(특강실 1)
	김영심(특강실 2)

아트디렉터	김영철
편집디자인	백창훈 · 이정민
일러스트레이션 디렉터	곽영권
일러스트레이션	김병하 · 김은정 · 류동필
	서희정 · 이은홍 · 이진 · 이해직
사진	손승현
전시관 디자인	김도희

제작	박찬수
교정	이경옥 · 김장성

내용 감수	권오영 (한신대 교수 · 한국고대사)
기획 감수	최준식 (이화여대 교수 · 종교학)
	오주석 (1956~2005, 전 연세대 겸임교수 · 미술사)
	김봉렬 (한국예술종합학교 교수 · 건축학)
	주영하 (한국학중앙연구원 교수 · 민속학)
	김소현 (배화여대 교수 · 복식사)

일 러 두 기

1. 역사적 사실이나 개연성에 대한 고증과 평가는 학계의
   통설을 기준으로 삼았다.
2. 지명과 인명의 표기는 가급적 중·고등학교 교과서를 따랐다.
3. 외래어 표기는 현지 표기를 존중하는 문화관광부 제정
   '외래어 표기법'과 중·고등학교 교과서를 따랐다.
4. 한자의 사용은 되도록 피하되 꼭 필요한 경우에는 ( ) 안에 넣었다.
5. 생활사의 성격상 곳에 따라 역사적 개연성을 벗어나지 않는
   범위 안에서 가상 인물이나 가상 이야기를 첨가했다.

『한국생활사박물관』 4권 「백제생활관」을 펴내며

많은 사람들이 종종 이런 물음을 던진다. "작은 한반도가 어떻게 중국처럼 크고 강성한 나라의 이웃에 있으면서 그 나라의 한 성(省)이 되지 않고 독자적인 국가와 문화를 이어올 수 있었을까?"

우리는 이 물음에 대한 한 가지 확실한 대답을 한반도 서남부에 있었던 고대 국가에서 찾는다. 이 나라는 그리 크지는 않았지만 한강변에 펼쳐진 김포 평야로부터 영산강 유역의 나주 평야에 이르는 곡창 지대에 자리잡고 있었다. 처음에는 들풀만 무성할 뿐이던 이 벌판들을 개척하여 풍성한 생산의 터전으로 만든 것은 바로 이 나라 사람들이었다. 그들은 이러한 생산의 토대 위에서 중국 뺨치는 수준 높은 문화와 기술의 나라를 이룩했고, 그 자산을 후세의 우리들에게 물려주었다. 한반도의 '존재 이유'를 확고히 한 이 나라의 이름은 백제이다.

이 나라 사람들은 한반도에 머물지 않고 바다 건너 일본에까지 커다란 자취를 남겼다. 일본이 세계에 자랑하는 호류지〔法隆寺〕 · 아스카지〔飛鳥寺〕 · 고류지〔廣隆寺〕 등에 배어 있는 백제 학자 · 승려 · 장인들의 숨결을 대하면, 왜 일본에서 '쿠다라(くだら:백제를 가리키는 일본 말)'가 고급 문화의 대명사로 통하게 되었는지 바로 알 수 있다.

백제는 이처럼 알려진 것만으로도 눈을 휘둥그렇게 만드는 나라이지만, 아직도 알려지지 않은 것이 더 많은 나라이다. 백제가 500년이나 도읍지로 삼았던 서울, 백제 하면 떠오르는 호남 지방, 그리고 부여와 공주는 마치 우리가 놀라서 까무러칠까 염려스럽다는 듯 엄청난 유산을 땅속 깊이 감추고 있다. 최근 무령왕릉, 풍납토성, 영산강 유역 등 고대 유적의 발굴과 연구 성과가 이어지면서 그러한 백제의 진면목은 하나 둘씩 베일을 벗고 있다. 『한국생활사박물관』 4권 「백제생활관」은 이러한 성과에 힘입어 개척자이자 기술자이며 문화인이자 풍류객이었던 백제인의 풍모를 그들이 살던 현장에서 직접 만나 보는, 가슴 벅찬 시간 여행을 시작한다.

도입부인 '야외전시'는 미륵사, 마애삼존불, 몽촌토성 등 백제사의 증거물들을 한 편의 파노라마 영화처럼 보여 준다. 주(主)전시실인 '백제실'에서는 백제인의 풍요로운 생활상이 흥미롭게 펼쳐진다. '특별전시실'에서는 당대 최고의 조형미를 자랑하는 백제금동대향로를 통해 백제인의 내면과 그들이 품고 있던 이상 세계를 들여다볼 것이다.

뒤이어 '가상체험실'에서는 독자들이 무령왕릉을 발굴하는 역사적인 작업에 참여하여 1400년 세월 저편에 있는 백제인을 만나는 신비로운 체험을 한다. '특강실'에서는 백제를 이해하는 데 빠져서는 안 될 두 가지 주제, 곧 500년 백제의 도읍지 한성(서울)의 진실과 '백제의 요람'이었던 마한 사회의 문제를 쉽고 재미있는 강의를 통해 풀어 준다. 또 '국제실'은 백제인이 살았던 7세기까지 인류가 이룩한 생활 수준의 이모저모를 알기 쉬운 도표와 사진을 통해 정리해 준다.

박물관은 옛날의 것, 이미 죽은 것을 전시하는 곳이다. 그러나 박물관이 전시하는 '옛날'은 살아 있어야 한다. 우리는 박물관의 차가운 유리 뒤에서 박제된 주검의 모습을 하고 있는 유물들을 바라보며 생각했다. 저 불꽃 무늬 벽돌이, 저 'ㄱ'자 자귀가 벌떡 일어나 당시 사람들 손에 쥐어져 박물관을 누비고 다니는 모습을 볼 수 있다면, 옛사람들의 생활상을 한 편의 영화처럼 생생하게 들여다볼 수 있다면…… . 바로 그런 문제 의식에서 기획된 '책 속의 박물관' 『한국생활사박물관』이 이제 넷째 권을 내게 되었다. 이 한 권의 책에 실린 600매의 원고와 40여 점의 컬러 그림, 200여 컷의 컬러 사진이 백제와 백제인을 올바로 이해하는 데 도움이 되기를 간절히 바란다. 우리가 선사 시대부터 현대에 이르는 우리 민족의 생활사를 오롯이 복원해 낼 때까지 독자 여러분의 따뜻한 격려와 호된 질책을 함께 기다린다.

2001년 4월 한국생활사박물관 편찬위원회

백 제 생 활 관 안 내

8
야 외 전 시
OPENING EXHIBITION

「백제생활관」의 도입부. 7세기부터 기원전 1세기까지 시간을 거슬러 올라가면서 백제인의 700년 흥망성쇠를 살펴본다. 전라북도 익산 미륵사, 충청남도 공주 무령왕릉, 서울 송파구 몽촌토성 등 백제인의 삶을 증언해 주는 유적들을 포근한 시선으로 담아낸 파노라마 사진들이 이 시간 여행에 함께 한다.

20
백 제 실
LIFE IN PAEKCHE

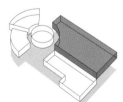

둑을 쌓아 막은 물을 들판으로 끌어들여 기름진 곡창 지대를 일구어 낸 사람들, 예쁜 벽돌이 바닥에 깔린 길을 지나 능수버들 우거진 연못가에서 구성진 남도 가락을 뽑내던 사람들, 마애삼존 불의 미소를 보며 중국을 향해 서해를 건너던 사람들……. 백제인의 풍성하고 운치 있는 삶의 현장으로 안내한다.

58
특 별 전 시 실
SPECIAL EXHIBITION

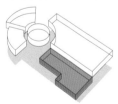

'백제실'이 겉으로 드러난 백제인의 생활상을 보여 준다면, 여기서는 그들의 깊은 내면 세계를 들여다본다. 진흙 속에서 부활한 백제금동대향로는 당대 최고의 조형미를 자랑하는 명품으로서, 여기 새겨진 선인(仙人)들과 수십 마리의 동물, 산과 물과 연꽃은 백제인이 품었던 이상 세계의 모습을 아름답게 보여 준다.

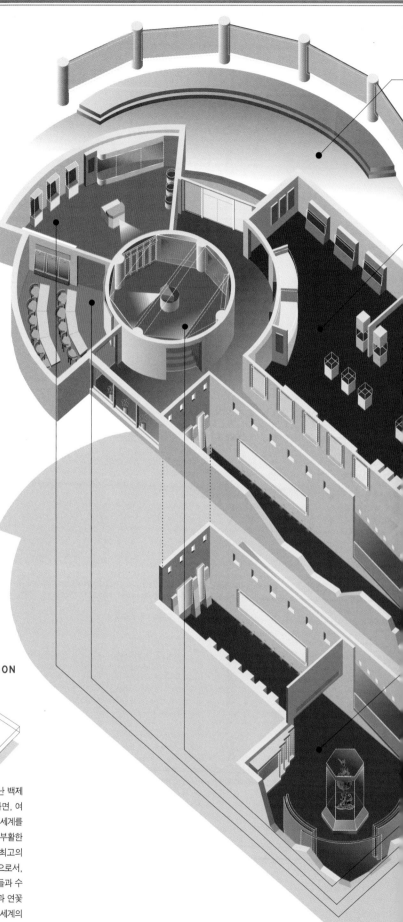

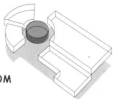

68
가 상 체 험 실
SIMULATION ROOM

백제 중흥의 기수였던 무령왕의 무덤을 발굴하는 역사적인 작업에 참여하여 1400년 세월 저편에 있는 백제인을 만난다. '해방 이후 최대의 발굴' 이라는 대작업을 하룻만에 뚝딱 해치운 1971년의 '경솔함' 과 3년장을 지내면서 갖은 정성을 기울여 왕릉을 짓던 525년의 '신중함' 을 대비하며, 새삼 문화 유산 보존의 각오를 다지는 장이 될 것이다.

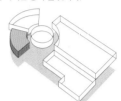

76
특 강 실
LECTURE ROOM

지금까지 살펴본 구체적인 생활상을 바탕으로 좀더 거시적인 주제를 깊이 있게 해설해 준다. 백제 생활사를 이해하는 데 빠져서는 안 될 두 가지 주제, 곧 500년 동안이나 백제의 중심지였으면서도 잊혀져 있던 한성(서울)의 진실과 '백제의 요람' 인 마한 사회의 문제를 쉽고 재미있는 강의를 통해 풀어 준다.

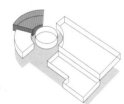

84
국 제 실
INTERNATIONAL EXHIBITION

문화의 나라 백제가 있었던 7세기까지 인류가 도달한 생활 수준을 알기 쉬운 도표와 사진을 통해 정리해 준다. 이 시대 인류는 종이를 발명해 붓글씨를 쓰고, 기계를 동원해 농사를 짓는가 하면 높은 건물을 올리고 대로와 바다를 오갔으며, 침을 놓고 뜸을 뜨며 인체 해부와 외과 수술을 시작했다.

42 ■ 왕실 명품 열전

백 제 생 활 관

아이징시 OPENING EXHIBITION

이곳은 「백제생활관」의 도입부입니다. 7세기부터 기원전 1세기까지, 그리고 전라북도 익산에서 서울 송파구까지 시간과 공간을 거슬러 올라가면서 백제인의 700년 흥망성쇠를 살펴봅니다. 한민족의 독창적인 문화를 창조하는 데 가장 큰 역할을 했던 백제, 그러나 전쟁에서 패배한 후 지하에 묻혀 있었던 백제의 문화, 백제인의 한과 아픔이 감동적으로 되살아나는 공간입니다. 미륵사, 마애삼존불, 궁남지, 무령왕릉 등 백제인의 삶을 증언해 주는 유적들을 포근한 시선으로 담아낸 파노라마 사진들이 이 시간 여행에 함께 합니다.

익산 미륵사지 석탑 : 전라북도 익산시 금마면 기양리 . 미륵사는 중앙에 가장 큰 목탑이 있고 그 동쪽과 서쪽에 석탑을 배치한 삼국 시대 최대 가람이었다. 사진의 석탑은 그 가운데 서쪽에 있던 탑이며 현재 높이는 14.2m. 국보 11호. 우리 나라에 현존하는 옛 탑 중 가장 큰 탑으로 꼽힌다. 원래는 9층이었을 것으로 여겨지나 지금은 6층만 남아 있다. 제작 연대가 백제 말엽의 무왕 때로 추정되는 우리 나라에서 가장 오래된 탑이기도 하며, 우리 나라에서 많이 나는 순백색 화강석으로 만든 세계 최초의 석탑이다.

The Land of Mystery

익산 미륵사지 석탑 : 전라북도 익산시 금마면 기양리 . 미륵사는 중앙에 가장 큰 목탑이 있고 그 동쪽과 서쪽에 석탑을 배치한 삼국 시대 최대 가람이었다. 사진의 석탑은 그 가운데 서쪽에 있던 탑이며 현재 높이는 14.2m. 국보 11호. 우리 나라에 현존하는 옛 탑 중 가장 큰 탑으로 꼽힌다. 원래는 9층이었을 것으로 여겨지나 지금은 6층만 남아 있다. 제작 연대가 백제 말엽의 무왕 때로 추정되는 우리 나라에서 가장 오래된 탑이기도 하며, 우리 나라에서 많이 나는 순백색 화강석으로 만든 세계 최초의 석탑이다.

백제

신비의 문화 국가

호남평야를 품에 안고

-서기 7세기 후반 전라북도 익산-

20세기 초 어느 날, 하늘에서 벼락이 떨어져 1300년 동안이나 우뚝 서 있던 거대한 석탑을 내리쳤다. 탑은 그 충격으로 일부가 무너졌으나 여전히 현존하는 우리 나라 최대의 탑으로 버티고 있다. 지금 그 모습만으로도 웅장하고 조형미가 눈부신데, 완성되었을 때의 첫 모습이 어떠했을까를 상상하면 가슴이 뛴다. 이 아름답고 단단하며 뭐라 말할 수 없이 신비로운 힘을 지닌 탑은 그러나 자기보다 세 배나 큰 탑을 옆에서 호위하고 있던, 미륵사의 작은 일부였다. 이처럼 '작은 탑' 하나를 자신의 흔적으로 남겨 두고 홀연히 사라져 버린 미륵사는 얼마나 크고 아름다운 절이었을까? 또 그런 대사찰을 탄생시킨 백제의 문화 역량은 얼마나 대단한 것이었을까? 익산을 중심으로 펼쳐진 드넓은 호남 평야는 이처럼 넓은 가슴을 가진 백제 문화의 원천이었다. 나아가 한강변의 김포 평야에서 영산강변의 나주 평야에 이르는 광활한 곡창 지대가 뿜어내는 힘찬 생산력이 신비의 문화 국가 백제를 단단히 떠받치고 있었다.

남아 있는 것만으로도 입을 딱 벌어지게 만들지만 보이지 않는 곳에 더 엄청난 것을 숨기고 있는 백제 문화. 그 신비 속으로 떠나는 여행에 『한국생활사박물관』이 끝까지 함께 할 것이다. ▨ 48·49쪽 '백제실'을 참조하세요.

도교적 이상향이 표현된 산수 무늬 벽돌 : 충청남도 부여군 규암면 외리 백제 시대 건물 터 바닥에서 발견된 무늬 벽돌. 정사각형으로 한 변이 29cm이고, 두께는 4cm이다. 백제는 공주와 부여에 도읍하고 있던 후기에 서해를 통해 중국 남조와 문화 교류를 활발히 했다. 벽돌은 중국 건축 양식에 많이 사용되던 것인데, 삼국 가운데서는 백제가 이를 가장 많이 활용하여 사찰이나 공공 건물, 그리고 무덤의 벽과 바닥에 썼다.

서 해 에 어 리 는 백 제 의 미 소

-서기 7세기 충청남도 서산-

서산 · 태안 · 당진 앞바다는 백제가 중국과 교류하던 관문. 높은 언덕 위 바위를 집으로 삼은 부처와 두 보살이 부드러운 미소를 머금고 저 멀리 보이지 않는 바다를 바라보고 있다. 그 바다 너머에는 중국이 있고, 일본과 동남아시아가 있고, 서해 항로를 개척한 해양 왕국 백제의 야심이 있다.

　이들 부처와 보살은 살아 있는 사람보다 더 따뜻한 미소를 지으며 험한 바닷길로 나아가는 사신들과 상인들의 두려움을 어루만져 준다. 날이 어두워지면 근엄한 표정을 지어 보이다가도 해가 뜨면 금세 환하게 웃고, 안타까운 표정을 짓는 듯하다가도 다시 보면 빙그레 웃는다. 어찌 보면 수줍어하는 듯, 어찌 보면 애달파하는 듯……. 부처님의 얼굴 뒤에는 보석 구슬이 둥글게 빛나고, 그 안쪽에 활짝 핀 연꽃에서는 불꽃이 힘차게 솟아오른다. 옷자락은 바람에 날릴 듯이 가볍게 늘어뜨리고, 손가락은 연신 욕심을 버리라고 말하는 듯하다. 둥근 얼굴, 큰 눈, 두툼한 입술, 그리고 옷깃 하나하나, 무늬 하나하나에까지 배어 있는 백제인의 미소. 그것은 한없이 너그러운 아름다움! 부드러운 산세와 기막히게 어울리는 백제인의 넉넉하고 개방적인 삶이 풍요롭게 돋을새김된 신비로운 미소가 오늘도 바다로 달린다. ▨ 52·53쪽 '백제실'을 참조하세요.

풍류 속에 영그는 남부여의 꿈

-서기 6세기 충청남도 부여-

백마강에 삼천 궁녀의 전설이 흐를 때, 구룡 평야의 하늘 위로는 백제악(百濟樂)이 울려퍼지고, 고란사에서는 풍경이 은은하게 노래 부른다. 부소산이 굽어보는 백제의 세 번째 수도 사비(지금의 충청남도 부여). 역사에 제대로 기록되지 못한 탓에 백제는 마치 전설처럼 우리 앞에 떠돈다. 그러나 백제의 역사는 백마강처럼 명백하게 흐르고 있었으니, 백제 중흥의 기틀을 마련한 성왕(재위 523~554)은 수도를 이곳으로 옮기고 국호를 '남부여'로 바꾸었다. 백제인은 고구려인과 더불어 그 옛날 북방을 호령하던 부여의 후예로서 '남부여'란 이름에 잃어버린 옛 땅을 되찾고자 하는 소망을 담았다.

　백제의 정치적 야망은 이루어지지 않았으나 백제인의 문화와 풍류는 사비에서 활짝 꽃피었다. 아름다운 정원 예술의 극치를 보여 주는 궁남지와 한국형 탑의 정수를 보여 주는 정림사지 5층 석탑, 공예 대국 백제의 명성이 그대로 녹아 있는 백제금동대향로와 금동미륵보살반가사유상 등 지고의 예술품들은 아직도 사비 시대 백제인의 섬세한 손길을 그대로 전해 주고 있다. ▩ 38·48·49·53·59쪽 '백제실'을 참조하세요.

궁남지 : 634년(무왕 35년)에 만든 연못으로 "궁의 남쪽에 못을 파고 20여 리나 되는 곳에서 물을 끌어들여 못 주위에 버드나무를 심고 못 가운데 방장선산(方丈仙山)을 모방한 섬을 만들었다"(『삼국사기』). 현재 궁남지 주위의 면적은 13,772평이며, 1965년 못을 복원했고 다리와 누각은 1971년에 세웠다. 백제 시대에는 지금보다 규모가 컸다고 한다.

▲ **무령왕릉의 돌짐승** : 백제 웅진 시대의 뛰어난 군주였던 무령왕릉의 무덤을 지키는 진묘수(鎭墓獸). 국보 162호. 악귀를 막고 죽은
이를 지키기 위해 놓은 것으로, 입술에 붉은 칠이 남아 있고 몸통에도 붉은 옻칠을 한 흔적이 있다. 붉은색은 악귀를 쫓는 전통적인
벽사의 빛깔이다. 입·눈·코 등 얼굴 부위와 몸 전체가 퉁퉁하며 기이한 느낌을 준다. 등에는 융기가 네 군데 있고
머리 맨 앞에는 나뭇가지 모양의 철제 뿔이 달려 있었으나 산화되어 떨어져 나갔다. 사진은 뿔을 모조하여 복원한 모습이다.

▶ **무령왕릉** : 무령왕과 왕비를 합장한 터널 모양의 전축분(벽돌로 지은 무덤). 훼손되지 않고 발견된 유일한 백제 왕릉이다. 사적 13호.

어둠 속에서도 예술혼은 빛나고

-서기 5세기 충청남도 공주-

북으로 유유히 흐르는 금강이 최적의 방어선을 구축한 곳. 475년 고구려 장수왕에게 한강 유역의 한성을 함락당하고 개로왕(재위 455~475)마저 잃은 백제 조정은 이곳 웅진성(공주 공산성)으로 내려와 어두운 밤을 보내고 있다. 고향을 버리고 내려온 초병은 밤새도록 보초를 서며 강 건너 멀리 고향 땅을 바라본다. 문주왕(재위 475~477)이 시해당하고 삼근왕(재위 477~479)이 열다섯 살의 어린 나이에 세상을 떠나더니, 동성왕(재위 479~501)마저 반란 세력의 칼에 숨을 거두었다. 한 순간도 긴장을 늦출 수 없는 때, 밤은 깊어만 가고 금강은 죽은 사람의 눈빛 같은 별들을 부지런히 하류로 흘려보낸다. 6세기 무령왕(재위 501~523)대에 이르러서야 나라가 겨우 안정되고 부드러운 햇살이 공산성을 두루 비추니, 비로소 웅진 문화는 싹을 틔우고 꽃을 피웠다. 무령왕은 국방을 강화하고 고구려에 빼앗겼던 영토를 되찾았으며, 중국 문물을 소화하여 독창적인 백제 문화로 빚어 냈다. 그러나 그가 죽은 지 137년만에 백제는 멸망했고, 그날 이후 무령왕은 세상에 나타나기를 꺼려 그가 묻힌 곳을 아는 사람은 아무도 없었다. 1971년에야 무령왕릉이 발견되어 웅진 시대의 백제는 1400년간 간직해온 비밀을 털어놓았으나, 이미 사라지고 없는 나라의 찬란했던 문화가 오히려 서글프다. ◼ 40~43쪽 '백제실'을 참조하세요.

되살아나는 이천 년 문화의 고도(古都)

-기원전 1세기~서기 475년 서울-

'소나무가 늘어선 언덕 마을' 송파구(松坡區). 이곳에 자리잡은 '꿈꾸는 마을의 성' 몽촌(夢村)토성은 오랫동안 역사의 꿈 속에서 잠을 잤고, '바람들이성' 풍납(風納)토성은 바람에 온몸의 살을 조금씩 떼어 주었다. 서울의 백제(한성 백제)는 그렇게 꿈같은 역사를 땅속에 묻어 두고 있었다.

백제가 묻힌 그 땅을 밟고 사는 사람들은 '서울 600년'을 노래한다. 서울이 조선의 도읍지가 된 지 600년이라는 것이다. 아니다. 서울은 600년이 아니다. 『삼국사기』 기록을 그대로 따르기만 해도 서울은 2000년 도읍지이다. 온조가 하남 위례성을 도읍지로 삼아 백제를 건국한 이래 서울의 강남은 이 나라의 중심지였다. 백제 멸망 후 역사는 한강변의 고대 국가 백제를 한 켠에 밀어둔 채 흘러왔으나 지워도 지워지지 않는 것이 역사의 진실. 몽촌토성은 마침내 잠을 깨고 있고, 풍납토성 또한 큰 바람을 일으키고 있다. 문화 국가 백제가 신비의 베일을 벗고 문화 고도 서울도 앳된 600년의 허상을 벗는다.

⊠ 20·21쪽 '백제실'을 참조하세요.

몽촌토성 : 자연 구릉 지형을 이용하여 만든 초기 백제의 평지성. 서울특별시 송파구
올림픽 공원 안에 자리잡고 있다. 성벽은 판축 기법(30~31쪽 참조)으로 쌓았으며,
성벽에는 목책(나무 울타리) 시설을 하고 주위에는 세 겹으로 돌아가는 해자(방어용 도랑)를
팠다. 성의 둘레는 약 2285m, 높이 13~17m. 사적 297호. 북쪽의 풍납토성과 더불어
한성 백제 500년의 왕성을 이루고 있었던 것으로 추정된다.

백 제 생 활 관

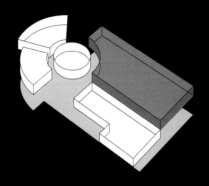
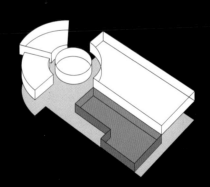
전 시 PART 1

이곳에서는 한반도 최대의 곡창 지대에서 펼쳐지던 백제인의 삶을 두 전시실로 나누어 보여 줍니다.

'백제실'에서는 김포 평야에서 나주 평야까지 드넓은 벌판을 개척해 나가며 풍요로운 생산의 나라를 일구던 백제인, 아름다운 집과 거리에서 세련된 문화와 풍류를 즐기던 백제인, 삼국 최고의 기술을 가지고 미륵사나 궁남지 같은 멋진 건축물과 아름다운 공예물을 남긴 백제인의 삶을 만날 수 있습니다.

'특별전시실'에서는 백제인이 창조한 최고의 예술품 가운데 하나인 백제금동대향로에 새겨진 아름다운 군상들을 통해 백제인이 품었던 이상 세계와 그들의 정신 세계를 살펴봅니다.

▲ **서울시 송파구에 위치한 풍납토성 내부 발굴 장면** : 1999년 겨울 한신대학교 발굴단은 경당 연립이 있던 1200평의 대지를 조사한 결과, 지하 4m 지점에서 수많은 백제 토기와 집자리를

확인할 수 있었다. 이 밖에 중국산 자기와 기와, 벽돌, 벽돌, '대부(大夫)' 라는 글자를 새긴 토기 등이 출토 되어 풍납토성이 한성 백제 시기의 왕성일 가능성을 높여 주었다.

서울은 백제다 - 한강변 백제 마을로 들어가며

서기 475년, "고구려의 장수왕이 왕도 한성을 정벌하기 위해 군대를 일으키고……
북성을 공격하여 7일 만에 함락시킨 뒤 이동하여 남성을 공격하였다"(『삼국사기』).
역사에 기록된 한성 백제 500년의 최후이다. 장수왕의 공격으로 도성을
잃은 백제 지배층은 황급히 말머리를 남쪽으로 돌려 충청남도 공주에
새 터전을 마련하였다. 그러나 백제는 185년 뒤 신라에 정복당해 멸망하고 만다.
이처럼 백제 역사의 2/3 이상을 차지하는 500년 도읍지 '한성'은 어디인가?
고구려에 패하고 신라에게 망한 비운의 나라여선지 이 의문들을 시원스럽게
풀어 주는 역사 기록은 보존되어 있지 않다. 그래서 다른 어떤 고대 국가보다도
고고학의 발굴 성과에 많은 기대를 걸어야 하는 나라가 백제이다.
'야외전시'에서 살펴본 것처럼 한성이 한강변, 그 중에서도 강남 쪽에 있었던 것은
분명하다. 이 한성을 구성했던 남성과 북성의 후보로는 하남시의 이성산성과
서울 송파구의 풍납토성, 몽촌토성이 거론되어 왔다. 이 가운데 왕성으로 주목을
받아 온 것은 남쪽에 자리잡은 몽촌토성이다. 1988년 서울 올림픽 때는 잠실 경기장과
가까운 이곳 몽촌토성을 올림픽 공원으로 단장하기 위해 집중적인 발굴 조사를
벌이기도 했다. 그러나 1997년 초 풍납토성 내부에서 아파트 지하 주차장을 짓던 중
한성의 면모를 밝혀 줄 새로운 전기가 마련되었다. 완전한 주택가로 변모해 가던
이곳에서 일반 가옥의 지하실보다 낮은 지하 4m 지점부터 고스란히 남아 있는
백제 문화층을 발견한 것이다. 뒤이은 긴급 발굴 조사에서는 세 줄로 돌아가는
환호(방어용 도랑)와 엄청난 양의 토기 및 기와가 발견되었다.
그리고 1999년 국립문화재연구소가 진행한 성벽 조사에서는 풍납토성이 바닥
너비 40m, 높이 10m가 넘는 대규모 성이라는 결론이 나왔다. 점토를 층층이 다져
올리는 방식으로 이런 성을 3.5km나 쌓았다면 그것은 왕성일 수밖에 없다는 흥분
섞인 주장이 터져 나오기 시작했다.
물론 아직 결론을 내리기는 이르다. 그러나 500년에 걸친 이 시대 백제의 역사와
백제인의 삶이 1400년의 침묵을 깨고 서서히 되살아나고 있는 것만은 분명하다.
개발과 보존의 과제를 우리에게 던져 주며 모습을 드러내고 있는 백제 · 백제인,
이제부터 그들의 비밀 속으로 들어가 보자.

▨ 76쪽 '특강실'을 참조하세요.

한강 하류 지역에는 넓고 기름진 충적 평야와 바다로 진출하기에 유리한 하천과 해안이 있다.
강변의 낮은 평지에는 좁고 긴 네모 집들이 한데 모여 암사동 마을, 성내동 마을, 미사동 마을 같은 집단 취락을 이루며,
사람들은 창고와 농기구를 함께 쓰고 드넓은 논과 밭을 여러 세대가 함께 경작하는 공동체 생활을 한다.
이들 마을을 거느리고 있는 풍납토성과 몽촌토성 안에는 "검소하되 누추하지 않고 화려하되 사치롭지 않은"(『삼국사기』)
시가지가 형성되어 있다. 성안에 자리잡은 왕실은 일대의 논농사를 주도하면서 대규모 수리 시설을 건설하고
소를 이용한 농사를 권장하였다. 고대 문명의 토대를 이룬 것이 농업이라면 삼국 가운데 가장 풍요로운 곡창 지대에
자리잡았던 백제인만큼 문명 생활의 조건을 확실하게 갖춘 고대인이 또 어디 있었으랴!

농토 : 백제 초기에는 주로 언덕 지대나
하천이 넘치는 곳에서 밭농사를 지었다.
미사동에서 조사된 대규모 밭 고랑이 전보다
더욱 깊어지고 형태도 고정되었다.
개인 식량만이 아니라 왕성에 바치는 공물도
생산하던 곳으로 여겨진다.

성벽 : 흙을 일정한 두께로
다져 쌓은 평지의 토성이다.
바깥쪽 면은 적이 접근하기 어렵도록
경사를 급하게 한 반면, 안쪽 면은
병사가 걸어다닐 수 있도록 중간 단이
있고 경사가 완만하다.

나루 : 각 지방의 조세와 특산물은 모두
도성으로 모인다. 이들 물자는 주로
강과 바다를 통해 운반되었다.
강을 끼고 있으면 반드시 나루가 발달한다.
현재 '광나루' 자리로 추정된다.

도로 : 성안과 바깥을 연결하는 도로는
성문마다 나 있었다.
특히 몽촌토성과 풍납토성을 잇는 도로는
하남 위례성의 중심이 되는 거리로,
그 일대를 중심으로 많은 주택과 시장 등이
형성되었다.

성내천

해자 : 큰 도랑을 파서 적의 침입에 대비했다.
북쪽은 한강이 자연 해자의 역할을 했고,
해자의 물은 한강에서 끌어왔다.

몽촌토성 : 풍납토성과 더불어 하남 위례성의
남성과 북성을 이루었을 것으로 추정된다.
현재는 올림픽 공원으로 꾸며졌다.
성벽 전체 길이 2285m, 높이 13~17m.

아차산 : 그리 높지는 않으나 남으로는 강남 전체와
북으로는 멀리 의정부에 이르는 길목까지 한눈에 조망할 수 있다.
백제는 이곳에 한강 북쪽으로 진출하는 교두보로 삼기 위해
아차산성을 쌓았다고 한다. 그러나 5세기 이후에는 도리어
고구려의 남진 기지가 되었다.

연못 : 성안에는 왕과 관리가 쉬거나 풍류를
즐기는 공간으로 연못과 정원을 만들었다.
또한 연못은 비상시를 대비해 물을 저장해 두는
저수지의 역할도 했다.

망루 : 성곽 안쪽에는 병사들이
지나다니면서 수비할 수 있는 단과
함께 일정한 간격으로 망루를
만들었다.

풍납토성 : 서북쪽으로 한강과 맞닿아 있고
아차산성과 마주 보는 한강 남북 교통의 요지에
자리잡고 있다. 몽촌토성과의 거리는 700m이다.

성문 : 문이 있던 자리만 보이고 유물이
발견되지 않아 성문을 나무로 만들지 않았을까
여겨진다. 방어를 위해 문의 수는 제한되었다.

세대 공동체 : 백제의 마을은 서너 채의
집들이 하나의 단위를 이루어 창고나
작업장을 함께 썼다. 이처럼 백제인은
한 가족에서 나뉜 여러 세대가
토지를 함께 경작하고 창고도 함께 쓰는
공동체 생활을 했다.

왜 성내동일까? : 서울 강동구 성내동은 성 바깥에 있는데
왜 '성내동(성안 마을)'일까? 하남 위례성은 풍납토성과 몽촌토성을
중심으로 한 도성 전부를 말한다. 성내동은 도성 안에 있던 마을로서
도성의 중심 지역이었기 때문에 그러한 이름을 얻지 않았을까?

풍요로운 생산의 나라

백제인이 간다. 한강 유역의 김포 평야에서 영산강 유역의 나주 평야까지 한반도의 알짜배기 경작 지대를 품에 안고 백제인이 간다. 이 풍부한 생산의 보고를 더욱 갈고 넓혀 풍성한 삶의 밑바탕을 일구어 내는 것은 그들의 특권인 동시에 역사적 의무이다. 일터로 나서는 백제인의 건투를 빈다.

농업기술 | 들판은 넓고 할 일은 많다!

때는 5세기의 어느 봄. 물이 마르는 갈수기를 맞아 수리 시설을 새로 짓거나 고치는 공사가 한창이다. 논농사를 지으면서 하늘만 쳐다보는 것은 다른 시대 다른 나라 이야기. 강물에 둑을 쌓아 물을 가두고 그 물을 끌어들이면 백제의 너른 들판은 모두 촉촉한 농경지로 바뀌어 간다.

내 마음대로 물 쓰기 ● 이전에 백제 왕들은 가뭄만 들면 조바심을 쳤다. 백제 지배층은 북방의 부여 출신인데, 거기서는 가뭄으로 농사를 망치면 왕을 죽였다. 왕들은 그 꼴을 안 당하려고 사당에서 필사적으로 기도를 했다. 다행히 비가 내리면 한숨 돌리지만, 그렇다고 언제까지나 비가 내리기만 기다릴 수는 없는 노릇.

백제 땅 곳곳에는 넓은 들판이 농부의 손길을 기다리고 있었다. 그런데 들에서 농사를 짓는 데 필요한 물은 하늘에서 내리는 빗물만으로는 부족하다. 한반도가 강수량이 풍부하다지만, 비가 여름 석 달에 편중되어 내리고 정작 벼농사를 짓

돔벙(저수지) : 계곡 물을 막아서 언제나 일정한 수량을 확보했다. 저수지는 백제 농경 문화의 특징이다.

수문 : 위아래로 열 수 있는 문이어야 방출할 물의 양을 조절할 수 있다.

나무벽 : 물길이 지나가도 흙이 무너지지 않도록 지탱해 준다. 기둥을 촘촘히 박아야 흙의 무게를 견딜 수 있다.

촌주 : 실질적으로 마을의 지배자이자 지도자로서 마을 사람들이 함께 하는 부역 노동의 총감독 역할을 했다.

작은 수로(물길) : 큰 수로의 물을 멀리 있는 논까지 끌어 대기 위해서는 작은 수로들이 필요하다.

말목 다듬기 : 흙으로 쌓은 둑이 무너지지 않고 물이 잘 흐르도록 흙을 고정시키는 목재를 '말목' 이라고 부른다.

가래 : 흙을 퍼올리는 도구 주로 두 사람이 함께 작업하지만 큰 것은 4~5명이 줄을 매어 쓰기도 한다.

는 데 중요한 시기인 봄에는 가뭄이 들기 때문이다. 이 문제를 해결하기 위해 시작한 것이 하천에 둑을 쌓고 도랑을 파서 들판으로 물을 끌어들이는 것이다. 이처럼 그저 무심히 흐르던 물과 그저 무심히 펼쳐졌던 들판을 서로 만나게 하여 인간을 위한 물, 인간을 위한 들판으로 변모시켜 나간 것은 백제인의 큰 공적 가운데 하나이다.

개척의 역군들 ●
백제인이 삼국 시대 최고의 농사꾼으로 성장한 것은 하루 아침에 이루어진 일이 아니었다. 기록에 따르면 그들은 1세기 중엽 '국남(國南 : 수도 남쪽)'에서 처음으로 논농사를 짓기 시작했다. 200여 년 뒤 고이왕 때에는 '남택(南澤 : 남쪽 지방의 농사짓기 좋은 축축한 땅)'으로 손을 뻗어 그곳을 논으로 개간하였다.

한성 백제의 가장 강력한 군주인 근초고왕은 4세기 후반 전라도 일대까지 진출하여 한반도에서 가장 넓은 호남 평야를 품에 안았다. 이미 논농사에 맛들이고 숙달된 백제인이 이런 광활한 평지를 그냥 지나칠 리 없다. 그들은 주저 없

이 저수지를 쌓고 관개 수로를 만들어 이 벌판을 기름진 곡창 지대로 변모시켜 나갔다.

5세기를 지나면서 호남 지방의 생산력은 나날이 커져 이곳은 백제의 경제적 토대로 자리를 굳히게 되었다. 백제 하면 떠오르는 남도의 맛깔스러운 상차림과 풍성한 문화는 이 때부터 그 모습을 갖추기 시작했을 것이다.

과학 영농의 기수들 ●
고조선 · 삼한 시대에는 청동 거울을 가슴에 단 무당이 하늘을 바라보며 땅 가는 시기와 씨뿌리는 시기를 예언했다. 그러나 백제에서 그것은 촌스러운 짓이다. 천문 관측을 담당하는 관청인 일관부(日官部)에 천문 박사가 있기 때문이다. 그는 1년을 농사 절기에 맞추어 구분해 주고 농사에 필요한 천문 정보를 제공해 준다.

이러한 전문가는 커다란 수리 시설을 확보하고 벼농사를 본격적으로 짓던 백제가 아니면 양성하기 힘든 고급 인력이다. 벼가 자라면서 물을 많이 필요로 할 때는 언제일까? 가뭄이 심하

여 벌레가 많이 낄 때는 어떻게 하면 좋을까? 이런 문제들에 대하여 그들은 여러 가지 식물학적 지식과 기술적 대책들을 내놓았다.

천문 박사 외에도 지리학, 점성술, 의학 등에 능통한 각종 박사들이 농업 생산의 증대와 세련된 백제 문화의 발달에 크게 기여했다.

▨ 44쪽 '백제인의 생활 3'을 참조하세요.

해외로 진출하는 농사 기술 ●
675년 일본에 문을 연 점성대(占星臺)는 백제 천문학자의 영향을 받아 세워졌다. 그보다 앞선 5세기 후반에는 일본의 요도 강, 가모 강, 가쯔라 강 부근에서 많은 백제인이 논밭 개간과 수로 공사를 지도하고 있었다.

일본 땅 곳곳에는 '백제지'(백제 사람이 만든 저수지)라는 이름의 저수지들과 백제인의 가르침을 받아 쌓은 둑들이 있었다.

흐르는 물과 들판만 있으면 어디든지 풍요로운 생산의 터전으로 바꾸는 백제인의 기술은 이처럼 해외로까지 뻗어 나가고 있었다.

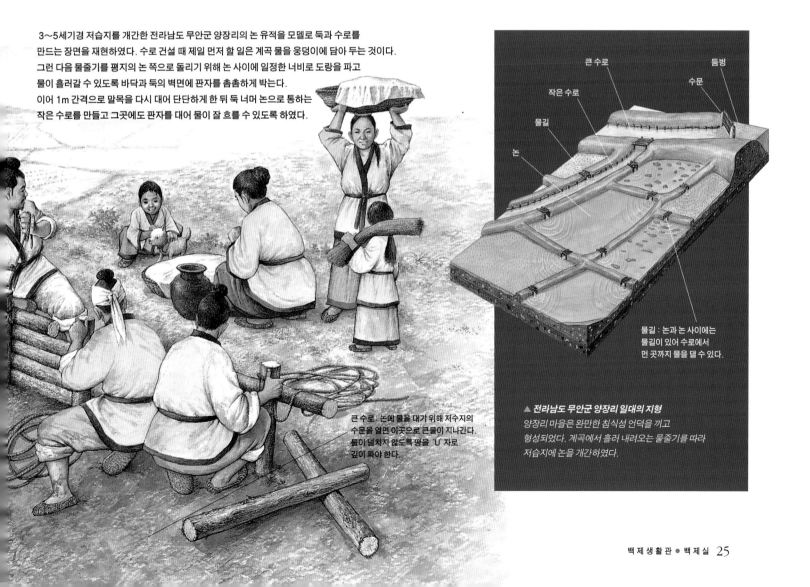

3~5세기경 저습지를 개간한 전라남도 무안군 양장리의 논 유적을 모델로 둑과 수로를 만드는 장면을 재현하였다. 수로 건설 때 제일 먼저 할 일은 계곡 물을 웅덩이에 담아 두는 것이다. 그런 다음 물줄기를 평지의 논 쪽으로 돌리기 위해 논 사이에 일정한 너비로 도랑을 파고 물이 흘러갈 수 있도록 바닥과 둑의 벽면에 판자를 촘촘하게 박는다. 이어 1m 간격으로 말목을 다시 대어 단단하게 한 뒤 둑 너머 논으로 통하는 작은 수로를 만들고 그곳에도 판자를 대어 물이 잘 흐를 수 있도록 하였다.

큰 수로 : 논에 물을 대기 위해 저수지의 수문을 열면 이곳으로 큰물이 지나간다. 물이 넘치지 않도록 땅을 'U'자로 깊이 파야 한다.

큰 수로 / 작은 수로 / 물길 / 논 / 수문 / 둠벙

물길 : 논과 논 사이에는 물길이 있어 수로에서 먼 곳까지 물을 댈 수 있다.

▲ 전라남도 무안군 양장리 일대의 지형
양장리 마을은 완만한 침식성 언덕을 끼고 형성되었다. 계곡에서 흘러 내려오는 물줄기를 따라 저습지에 논을 개간하였다.

잔치 | 이 맛이 백제다!

가을 어느 날, 봄에 수로 공사를 잘 한 덕분인지 수확이 제법 넉넉하여 마을 사람들 입이 찢어질 락말락한다. 이날은 촌주의 조카뻘 되는 부염(가명)네 집에서 한턱 내는 날. 어디 통크고 푸짐하기로 소문난 백제인의 상차림 구경 좀 할 거나!

고소한 돌솥밥 ● 부엌 아궁이에서는 보리와 콩을 쌀과 섞어 밥을 짓는 냄새가 구수하고, 그 옆 시루에서는 떡이 맛있게 익어 가고 있다.

백제인은 곡식의 껍질을 벗겨 깨끗이 하는 도정 기술이 아직 서툴러서 백미(白米)가 아니라 누른 기가 남아 있는 현미(玄米)를 먹는다. 현미를 씻어서 시루에 올려 놓고 쪄먹기도 했지만 솥을 발명하면서 오늘날과 비슷한 밥짓기가 시작되었다. 이런 솥 중의 으뜸은 단연 무쇠솥이지만, 이것은 비싸서 서민에겐 그림의 떡. 대신 돌을 깎아 만든 작은 솥을 썼다. 돌솥은 비록 무겁고 잘 깨져서 불편했지만 시루보다는 훨씬 나은 맛을 창조하는 보물 단지였다.

밥을 지으려면 쌀을 씻어 솥에 넣고 물을 2배 정도 부은 후 끓여 수분이 쌀 속으로 스며들어가도록 해야 한다. 그 다음 불을 약하게 하여 뜸을 들인다. 쌀이 골고루 잘 퍼지도록 하기 위해서이다. 이렇게 지은 쌀밥은 시루에 쪄서 먹는 떡이나 찐 밥에 비해 입에 들러붙지도 않고 맛도 고소하여 주식으로 안성맞춤이었다.

노릇노릇 꼬치구이 ● 명색이 잔치인데 쌀밥에 고깃국이 빠질 리 없다. 아침부터 닭 잡는 소리가 요란하다 싶더니 어느새 시루에 쪄내는 닭찜 냄새가 온 집안을 진동한다.

배와 밤·오얏 같은 과일도 그릇에 담고, 뒤뜰에 묻어 둔 항아리에서 여름에 담가 두었던 짠지도 꺼낸다. 흰 곰팡이가 슬어 있는 무를 꺼내 물에 씻은 후 어슷어슷 썰어서 상에 올리면 그 맛이 짭짤하여 입맛을 돋운다.

이 정도로는 심심하다고? 걱정할 필요가 없다. 지난 여름 부염이 강에서 잡아 말려 두었던 은어를 가져와 꼬치구이를 하면 되니까. 촌주 어른이 가장 좋아하는 은어구이는 앉은 자리에서 노릇노릇하게 구워 먹는 맛이 일품이다. 기후가 따뜻한 남쪽 바닷가에서는 물고기를 낚아 바로 회도 쳐 먹는다는데, 다음 여름에는 한번 은어로 회를 떠 보자!

알딸딸한 누룩술 ● 잔치를 하는데 술을 빠뜨릴 수는 없다. 백제인은 밀로 누룩이라는 것을 만들어 쌀과 버무려 술을 빚었다.

이전에는 여자들이 밥을 입으로 씹은 후 그것을 항아리에 담아 두면 침속에 있는 아밀라아제가 곡물을 알코올로 만들었다. 그러나 밀 농사를 지으면서부터는 가을에 수확한 밀을 빻아 가루를 내고 남은 찌꺼기인 밀기울에 물을 부어 반죽

▲ **육각형 집터** : 1997년 국립문화재연구소에서 조사한 풍납토성 내부 주거지. 도성 내부 집자리는 일반 서민의 집자리처럼 단순한 네모 모양이나 백제 초기에 많이 만든 '몸(여)'자 모양이 아니라 육각형 모양을 하고 있었다.

하면 누룩이 만들어졌다. 이 누룩에 곰팡이가 잘 붙으면 거기다 물을 부어 누룩 물을 만든다. 이때 쌀을 가루 내어 반죽한 후 흰무리떡(백설기)을 만들어 누룩 물에 담가 둔다. 한 7일쯤 지난 뒤 찹쌀로 고두밥(아주 된 밥)을 지어 이것을 누룩 물에 넣고 깨끗한 물을 붓는다. 그리고 항아리 뚜껑에 짚을 덮은 뒤 천을 얹어 20일쯤 둔다. 그러면 항아리 안에 맑은 술이 고인다.

이처럼 누룩으로 술을 빚으면 도수를 높일 수도 있고 대량 생산도 할 수 있다. 주조 기술의 혁신인 셈이다. 이 같은 선진 주조 기술은 일본으로도 전해졌다. 일본 기록에 따르면 백제인 형제 수수보리와 수수허리는 일본으로 건너가서 누룩으로 술 빚는 방법을 가르쳐 주었다(『코지키[古事記]』). 오늘날에도 교토 근교의 사가[佐牙] 신사에서는 이 두 사람을 술의 신으로 모시고 제사를 지낸다. 일본 청주의 창시자는 곧 백제인이다.

▼ **백제인의 특별식단** : 집에 손님이 오면 특별히 쌀밥을 지어 내놓는다. 닭도 한 마리 잡아 시루에 쪄내고, 강에서 잡아 말려 두었던 은어도 굽는다. 아이들이 잡아온 다슬기도 시루에 넣고 찌면 맛이 좋다. 그러나 뭐니뭐니해도 가장 필요한 반찬은 무짠지와 가지절임이다. 무는 소금에 절였고, 가지는 청주를 빚고 남은 술지게미에 절였다. 떡도 마련했고 밤과 대추를 넣어 찐 '잡과병'은 일미라는 칭찬이 예상된다. 크게 열린 밤을 삶아 고임을 했더니 마치 잔칫상 같다.

출입 시설 : 육각형 집 입구 부분에 여유 공간을 만들었다. 출입문 앞에 작은 공간을 덧붙인 것으로 간단한 농기구들을 두기도 했지만, 기본적으로 사람들이 드나드는 시설이다.

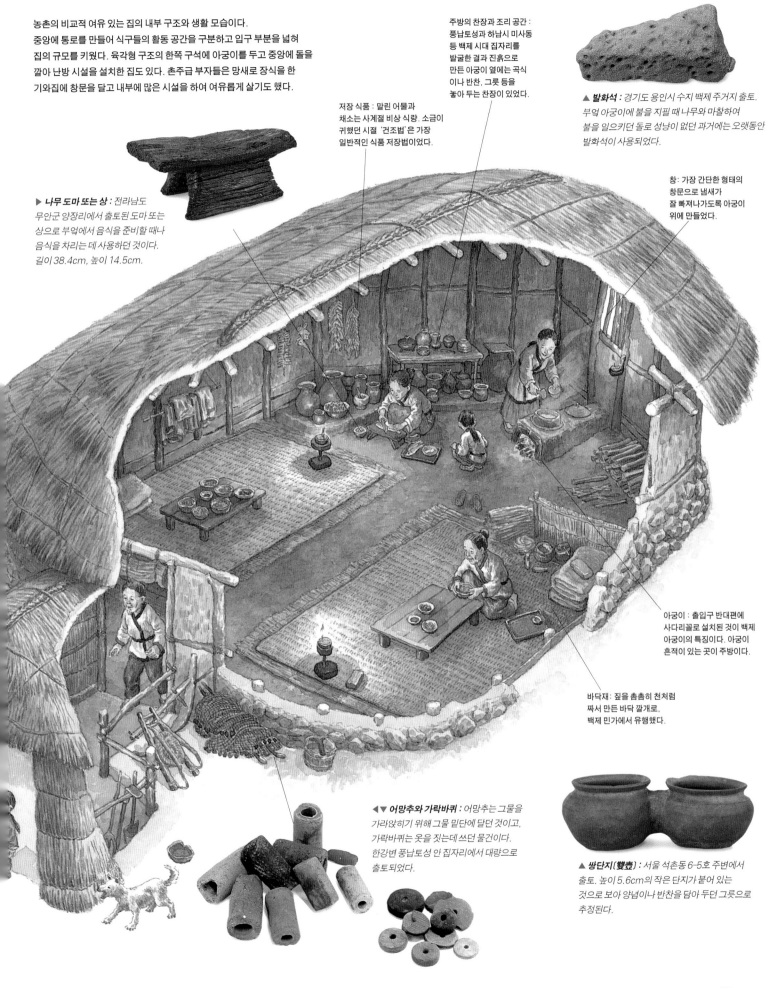

농촌의 비교적 여유 있는 집의 내부 구조와 생활 모습이다.
중앙에 통로를 만들어 식구들의 활동 공간을 구분하고 입구 부분을 넓혀
집의 규모를 키웠다. 육각형 구조의 한쪽 구석에 아궁이를 두고 중앙에 돌을
깔아 난방 시설을 설치한 집도 있다. 촌주급 부자들은 망새로 장식을 한
기와집에 창문을 달고 내부에 많은 시설을 하여 여유롭게 살기도 했다.

주방의 찬장과 조리 공간 :
풍납토성과 하남시 미사동
등 백제 시대 집자리를
발굴한 결과 진흙으로
만든 아궁이 옆에는 곡식
이나 반찬, 그릇 등을
놓아 두는 찬장이 있었다.

▲ 발화석 : 경기도 용인시 수지 백제 주거지 출토.
부엌 아궁이에 불을 지필 때 나무와 마찰하여
불을 일으키던 돌로 성냥이 없던 과거에는 오랫동안
발화석이 사용되었다.

저장 식품 : 말린 어물과
채소는 사계절 비상 식량. 소금이
귀했던 시절 '건조법'은 가장
일반적인 식품 저장법이었다.

창 : 가장 간단한 형태의
창문으로 냄새가
잘 빠져나가도록 아궁이
위에 만들었다.

▶ 나무 도마 또는 상 : 전라남도
무안군 양장리에서 출토된 도마 또는
상으로 부엌에서 음식을 준비할 때나
음식을 차리는 데 사용하던 것이다.
길이 38.4cm, 높이 14.5cm.

아궁이 : 출입구 반대편에
사다리꼴로 설치된 것이 백제
아궁이의 특징이다. 아궁이
흔적이 있는 곳이 주방이다.

바닥재 : 짚을 촘촘히 천처럼
짜서 만든 바닥 깔개로,
백제 민가에서 유행했다.

◀▼ 어망추와 가락바퀴 : 어망추는 그물을
가라앉히기 위해 그물 밑단에 달던 것이고,
가락바퀴는 옷을 짓는데 쓰던 물건이다.
한강변 풍납토성 안 집자리에서 대량으로
출토되었다.

▲ 쌍단지(雙壺) : 서울 석촌동 6-5호 주변에서
출토. 높이 5.6cm의 작은 단지가 붙어 있는
것으로 보아 양념이나 반찬을 담아 두던 그릇으로
추정된다.

저장시설 | 곡식 가득, 농기구 가득…일할 맛 나네

술이 몇 순배 돌고 잔치가 무르익어 갈 무렵, 갑자기 집 밖에서 무언가 우지끈 부서지는 소리와 함께 여자의 새된 비명 소리가 울렸다. 이어 그릇 깨지는 소리와 물건 쏟아지는 소리……. 사람들은 술이 확 깼다. 짐승이 들었을까? 아니면 혹시 도둑이라도? 부염은 얼른 일어나 밖으로 달려 나갔다. 소란의 진원지는 그와 이웃들이 함께 쓰는 바깥의 저장 구덩이. 부염은 잔뜩 긴장한 얼굴로 구덩이 입구에 불을 밝혔다.

곳간에서 인심 난다 ● 플라스크 모양으로 생긴 저장 구덩이는 사다리를 놓고 드나들어야 할 만큼 깊고 크다. 그 안에는 곡물을 담은 큼직한 저장 토기들과 과일을 담은 지게 발채(29쪽 사진)가 가지런히 놓여 있다.

음식이 있으니 도둑이나 짐승이 꾈 수도 있지만, 소란을 일으킨 주인공은 부염의 아내인 용이(가명) 엄마였다. 음식이 모자랄 것 같아 더듬

사다리를 내려가다가 그만 발을 헛디딘 것이다. 토기가 깨지고 곡식이 샜지만 사람들은 그런 것에 개의치 않고 용이 엄마를 먼저 걱정했다. 다행히 많이 다친 데는 없어서 모두들 안심하며 과일을 더 꺼내다가 술안주 삼아 실컷 먹었다. 사람들이 이렇게 서로 인심을 쓸 수 있는 것은 "곳간에서 인심 난다"는 속담처럼 올해 이 마을 농사가 제법 풍작이어서 저장 구덩이에 곡식이 그득하기 때문이다.

세대 공동체를 이루고 있는 백제의 농촌 마을에는 대개 이렇게 큼직한 지하 공동 저장 시설이 마련되어 있다. 그리고 이곳에 두지 않은 대부분의 수확물은 집집마다 안에 있는 작은 저장 구덩이에 보관하였다. 이러한 집안의 구덩이에도 저장용 토기를 두고서 가공하지 않은 낱알 작물들을 넣었다가 요리할 때면 꺼내 사용하곤 했다. 또, 곧바로 사용할 곡물들은 집안에 있는 부뚜막 근처의 저장 용기에 담아 두었다.

자귀랑 살포를 아시나요 ● 잔치가 끝나고 손님들이 돌아가자, 부염은 용이 엄마더러 쉬라고 하고는 집안을 정리했다.

용이가 친구랑 함께 나르다가 부러뜨린 나무상이 눈에 거슬렸다. 부염은 출입문 주변에 보관하고 있는 도구들 가운데 자귀(29쪽 사진)를 집어들고 날이 제대로 서 있는지 살펴보았다. 날이 밝는대로 'ㄱ'자로 꺾인 이 날카로운 도구로 나무를 깎고 다듬어 부러진 상과 저장 구덩이의 사다리를 고쳐야 하기 때문이다. 다듬은 나무를 이어붙여 판자를 만드는 데 쓰는 격쇠(29쪽 사진)도 점검했다.

사람들이 드나들면서 흐트러뜨린 출입문 주변의 농기구들도 다시 정리했다. 나무를 찍거나 패는 도끼, 가을걷이에 쓰는 낫과 쇠스랑, 김매기에 쓰는 삽이며 살포(29쪽 사진), 따비, 괭이 등 ……. 풍요로운 생산의 원천인 이들 철제 도구는 농부 부염의 자랑스러운 재산 목록 1호이다.

저장 구덩이 : 괭이나 삽으로 땅을 파서 플라스크 모양의 구덩이를 만들었다.

기둥 : 신석기 시대 움집처럼 중앙에 기둥을 세우고 기둥 꼭대기에서 지면까지 원뿔형으로 지붕을 만들었다.

◀ **몽촌토성의 구덩이와 저장 토기** : 백제에서도 마을이나 개인의 집에는 곡물이나 채소·과일 등을 보관해 두는 저장 구덩이를 만들었다. 몽촌토성 마을에서는 입구는 좁으나 바닥은 넓은 플라스크 모양의 구덩이를 깊이 파고 사다리를 통해 드나들었으며, 바닥에 큰 저장용 항아리를 두고 오래 보관할 수 있도록 가공하지 않은 곡물을 담아 두었다.

▲ **저장용 항아리** : 몽촌토성 출토. 높이 94cm. 곡물이나 과일 등을 보관하는 큰 저장 용기이다. 뾰족한 바닥 부분을 땅에 묻고 사용했다.

▲ **지게 발채** : 부여 능산리 절터에 있는 습지에서 출토된 것으로 지게 위에 얹어 물건을 싣는 발채만이 나왔는데, 그 형태가 요즈음 사용하는 지게 발채와 거의 똑같다.

삽과 쟁기가 가져온 것 ●

백제의 삽은 오늘날의 철제 삽과는 달리 나무로 만든 삽날에 'U' 자 모양의 삽날을 덧끼운 것이지만, 호미나 괭이보다 땅을 훨씬 깊이 팔 수 있게 해주었다.

여기에 철제 쟁기도 가세한다. 쟁기는 두 사람이 함께 끌기도 했지만, 나중에는 사람보다 힘이 센 소에 매어 논밭을 갈게 되었다. 소를 이용하면 이전보다 적은 사람으로도 더 많은 일을 할 수 있었다. 또 소가 끄는 쟁기는 땅을 깊이, 그리고 빨리 갈 수 있어서 김매기에 드는 힘과 시간을 많이 줄일 수 있었다.

여기에 '살포'라는 독특한 농기구는 논농사에 없어서는 안 되는 감초였다. 우리 나라에만 있는 이 농기구는 김매기에도 쓰임새가 좋지만, 수로의 막힌 곳을 뚫어 주는 데도 사용하여 논에 쉽게 물을 댈 수 있게 해주었다.

호미와 괭이를 주로 쓰던 논밭에 삽이 등장하고, 쟁기를 끄는 소가 들판을 휘젓게 되면서 백제의 들판은 더욱 푸르러 갔다. 농토는 이전보다 훨씬 커지고 반듯해졌으며, 고랑과 두둑은 더욱 깊고 넓어졌다.

풍납토성에 바치는 공물을 생산하던 미사동 밭은 고랑과 두둑이 70~80cm로 일정하게 배치되어 있었다. 여기서 한 해는 고랑에서 싹을 틔우고 한 해는 두둑에 파종을 하여 매년 농사를 지을 수 있었다. 한번 수확을 하면 다음 한 해는 땅을 놀려야 했던 과거에 비해 생산력이 엄청나게 높아진 것은 당연한 결과였다.

◀ **자귀** : 경기도 용인시 수지에 있는 집자리에서 나온 것으로 'ㄱ'자로 꺾인 나무를 대어 사용했다. 주로 나무를 깎거나 다듬는 데 썼다.

▶ **꺾쇠** : 경기도 용인군 수지 백제 집자리 출토. 백제인은 나무를 판자 형태로 다듬어 연결할 때 지금처럼 못 외에 꺾쇠를 사용했다.

◀ **철제 삽날을 끼운 가래** : 전라남도 해남군 월산리 조산 고분에서 나온 U자형 삽. 나무삽 끝에 끼워 가래로 사용한 예가 통일신라 시대 유적인 경기도 하남시 이성산성에서 발견되었다.

▲ **철제 살포** : 충청남도 논산시 표정리 출토. 논에 물꼬를 트거나 김을 맬 때 쓰는 도구로, 한국 특유의 농기구이다. 6세기가 넘어서면 마을의 우두머리 무덤에 부장품으로 들어가는 장례 용구의 형태로 변한다.

▶ **나무삽** : 전라남도 순천시 검단산성 출토. 그 밖에 충청남도 부여 궁남지, 부여 서나성 등에서 6~7세기의 것으로 여겨지는 나무삽이 나왔다. 대부분 저습지나 우물에서 발견되는데, 이는 나무삽으로도 진흙을 갈아엎을 수 있었음을 말해 준다.

토목공사 | 생산이 많으니 세금도 많네

"지난봄에 수로 공사 나갔으니 이번에는 좀 빼주쇼!" 부염은 잔뜩 부은 얼굴로 투덜거려 보지만 촌주 어른은 애꿎은 수염만 만지작거릴 뿐, 얼굴에는 '나라가 하는 일인데 낸들 어쩔 수 있나?' 하는 말이 써 있다.

개로왕이 지시한 풍납토성 보수 공사에 부염네 마을을 비롯하여 한강 유역 일대에서 수만 명이 동원되었다. 길이가 3500여 m나 되는 성곽을 10m가 넘는 높이로 쌓아올리는 엄청난 공사를 앞으로도 얼마나 더 해야 될지 모른다.

나라의 위엄이 뭐길래 ● 부역에 동원된 사람들 사이에는 심상치 않은 소문이 돌고 있었다. 개로왕이 고구려 첩자 도림의 꾐에 넘어가 무리한 토목 공사를 벌이고 있다는 것이다.

개로왕은 고구려로부터 한강 북쪽을 빼앗으려고 중국 북위에 병사를 요청한 일이 있다. 이 사실을 안 고구려 장수왕은 도림에게 "아무도 모르게 비밀리에 백제를 칠 수 있는 꾀를 쓰라"고 지시해 백제로 보냈다.

도림은 '제왕의 오락'이었던 바둑의 고수. 그는 바둑을 무척 즐기는 개로왕에게 접근하여 한 수 가르쳐 주었다. 도림의 탁월한 바둑 실력에 탄복한 개로왕은 그를 매우 신임하게 되었다.

어느 날 도림이 개로왕에게 말했다. "성곽과 대궐은 너무 작아 초라하며, 백성들의 집은 더욱 허술하여 비가 조금만 와도 강물에 떠내려가니 나라의 체면이 말이 아니올시다."

이 말을 들은 개로왕은 즉시 강물을 따라 제방을 쌓고 대궐과 도성을 새롭게 수리하라고 명령하였다. 국력을 총동원하다시피 하는 대공사가 이렇게 시작되었다는 것이 소문의 내용이다.

세금도 사람이 내는 것인데 ● 대규모 공사에 동원되는 '부역'은 백성들이 나라에 몸으로 내는 세금이다. 나라 재정의 기초를 이루는 세금에는 그 밖에도 벼나 콩으로 바치는 조세와 명주실로 짠 비단이나 직물, 그리고 각 지방의 특산물을 내는 공물이 있었다.

이러한 세금은 보통 마을 단위로 부과했다. 가령 어느 마을에 언제까지 장정을 50명 차출하여 공사에 내보내라고 하면, 그 마을의 촌주가 각 가구의 사정을 살펴 인력을 징발했던 것이다. 쌀이나 공물도 그 마을의 장정 숫자에 맞추어 나라에 바치는 양이 정해졌다. 이런 세무 행정을 쉽게 하기 위해 당국은 마을들을 자연 부락의 상태로 놓아 두지 않고 전체 장정 숫자에 따라 인위적으로 구분했다.

그런데 장정의 수를 기준으로 할 때도 문제는

『통전(通典)』 '거수편(拒守篇)'의 계산(하루에 한 사람이 쌓는 양을 약 0.6m³로 침)에 따르면 풍납토성을 쌓는 데 참가한 사람은 연인원 1백만여 명에 달한다. 하루에 1천 명의 인력을 동원하더라도 2년 8개월 가량이 걸리는 엄청난 공사였던 셈이다. 이처럼 대부분의 백성은 농사일 외에도 국가에서 동원하는 부역에 종사할 의무가 있었다.

판축용 기둥 : 백제 토성은 대부분 흙을 층층이 다져 쌓는 판축법으로 성벽을 쌓았다. 1~2 m 사이마다 나무 기둥을 세우고 그 사이에 흙을 다져 쌓아 올렸다.

나무 판자 : 흙을 다지기 위한 틀이다. 조금씩 올려 가면서 사용한다.

판축이 완성된 부분. 지층이 선명하다.

흙 다지기 : 일정 구간을 나누어 기둥을 세우고 구간마다 1m 간격의 칸을 마련하여 진흙 등을 부어 가며 긴 대나무와 통나무로 일일이 다져 쌓았다.

있었다. 같은 다섯 명의 장정이 있는 가구라고 해도 가지고 있는 땅이나 농기구 등에서 차이가 많이 났기 때문이다. 이 문제를 해결하기 위해 국가는 가구를 상·중·하 세 등급으로 나누고 각기 부과하는 세금에 차이를 두었다〔충남 부여 궁남지에서 출토된 목간을 보면 중구(中口)와 하구(下口)라는 말이 나온다〕.

백제는 농업 생산량이 많아선지 세금도 많이 거두어들였다. 각종 세금 부담에다 자연 재해까지 겹치면 굶주린 백성들 가운데는 자식을 부잣집에 팔아먹는 이까지 생겨났다. 그런가 하면 살림이 거덜난 농민들은 살던 곳을 떠나 도망치기도 했다. 세금도 사람이 내는 것인데, 이처럼 세금이 사람 잡는 일이 벌어지는 현실은 참으로 서글프다.

성(城)은 우뚝, 나라는 기우뚱 ● 부역은 백성들의 허리를 휘게 하는 세금 가운데서도 으뜸이었다. 부역 노동은 동원 기간도 길고 항목도

많았기 때문이다(『삼국사기』 백제본기 : 궁전 건설 10건, 사찰 건설 2건, 둑 건설 3건, 다리 건설 1건, 성 쌓기 25건).

특히 매일 몇천 명이 동원되는 풍납토성 공사에 대한 원성은 극에 달해 있었다. 부염과 친구들은 "차라리 전쟁이라도 벌어졌으면 좋겠다"는 말을 공공연히 내뱉고 다녔다.

그런 가운데 세월은 흘러 때는 475년 9월. 고구려 군대의 침입을 알리는 첩보가 날아든 지 얼마 되지도 않아 한강 건너 아차산을 3만 명의 고구려 병사들이 새까맣게 뒤덮었다. 개로왕은 도림을 급히 찾았으나 이미 몸을 피한 뒤였다.

개로왕은 서둘러 동원령을 내렸다. 전쟁에 동원되는 군역(軍役)은 또 다른 형태의 부역이다. 그러나 성을 쌓느라 지칠 대로 지친 백성들은 이미 자포자기 상태였다. 백제의 영광을 기리려고 대대적으로 보수한 풍납토성은 도리어 한성 백제의 종막을 지켜보는 증인이 되어 개미떼같이 기어올라오는 고구려군을 맞고 있었다.

▲ **풍납토성** : 둘레 3.5km(현존 2.2km), 바닥 너비 40m, 높이 10m 이상. 성벽에 가로로 난 지층으로 보아 이 토성이 판축 기법으로 축조되었음을 알 수 있다. 3세기 전후에 이처럼 거대한 성을 쌓았다는 점에서 이곳은 왕성의 후보로 손색이 없다.

기초 공사 : 판축을 시작하기 전에 바닥을 고른 다음 진흙을 펴서 바르고 있다. 진흙은 표면을 고르게 하고 성벽과 땅의 밀착도를 높여 준다.

완성된 성벽의 바깥 모습 : 적 병사가 쉽게 오르지 못하도록 경사를 급하게 만들었다.

해자 공사 : 성벽을 따라 가면서 적의 침입을 막는 도랑을 판다. 이곳에서 나온 대량의 흙은 성벽의 재료가 된다.

◀ **1근명('1근'이라 새긴) 거푸집** : 충청남도 부여군 구아리에서 조사된 것으로 안쪽 면에 일근(一斤)이라는 글씨가 있는 것으로 보아 백제 당시 무게를 잴 때는 '근(斤)'이라는 도량형을 사용했음을 알 수 있다. 그리고 바깥면에도 '대왕(大王)'이라는 글씨가 있어 이 거푸집이 중요 행정 관서에서 쓰던 물건을 만들던 것임을 시사한다.

◀ **궁남지 출토 목간(木簡)** : 국가는 백성에게 나무로 만든 목간을 만들어 주고 생활 상태와 동향을 일일이 점검했다. 충청남도 부여 궁남지 유적 바닥에서 출토된 목간에 '서부후항(西部後巷)'에 사는 사달사(巳達巳)라는 인물의 이름이 있는 것으로 미루어 도시 구조가 부(部)와 항(巷)으로 이루어졌음을 알 수 있다. 또 매라성 법리원에 있는 '수전(水田) 오형(五形)'이라는 글씨로 보아 논의 규모에 차이를 두었다는 것을 짐작할 수 있다.

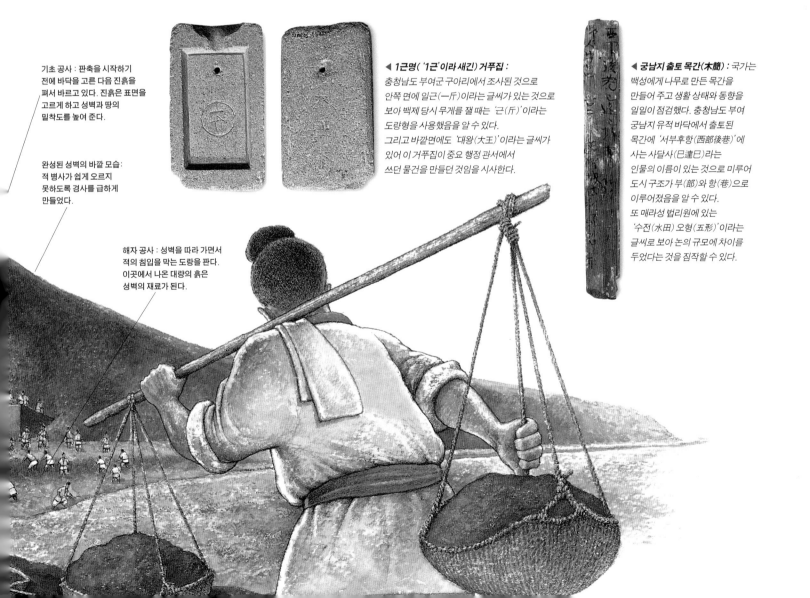

한강 유역을 고구려에 빼앗긴 백제는 475년 웅진(충청남도 공주)으로, 538년에는 다시
사비(충청남도 부여)로 잇달아 도읍지를 옮겼다. 사비는 고구려의 성들처럼 '평지성＋산성' 구조를
가지고 있다. 지금의 부여 시가지를 둘러싸고 있는 나성을 쌓고 부소산 남쪽 기슭에 우아한 왕궁을
만들었다. 그리고 바로 뒷산에는 낙화암 절벽 앞의 봉우리를 둘러서 부소산성을 쌓았다.
바둑판처럼 정연한 7세기의 부여 시가지를 거닐면서 멋과 풍류의 백제인을 만나 보자.

사비 나성(羅城) : 나성이란
성 밖에 겹으로 쌓은 외성으로
청산성·청마산성과 함께
수도 사비의 외곽 방어선으로
쌓은 것이다.

왕궁 앞 도성 도로 : 왕궁 앞에서
일반 거주지를 연결하는 도로로
도로의 폭이 남북 방향 대로는 8.9m,
동서 방향 소로는 3.9m였다.
도로 좌우에는 물이 고이지 않게
배수구가 만들어져 있었다.

도로 : 웅진성 가는 길.

군창 : 부소산성 안에 있는 군인들이
먹을 곡물을 저장하는 창고이다.

쌍북리 가마 유적

영일루 : 부소산성 동쪽 마루에 위치하고
있으며 해를 맞이하는 곳처럼 높은 곳에 있어서
백마강이 한눈에 내려다보인다. 그 옛날 백제 왕은
이곳에 올라 멀리 계룡상 연천봉에 떠오르는
아침 해를 바라보며 태평성대를 기원했다고 한다.

왕궁(부여 관북리 유적) : 사비 도성의 왕궁지로
추정되는 곳으로 1982~1992년의 발굴 조사로
백제 시대 건물 터와 함께 도로, 하수도, 연못과
석축 시설이 발견되었다. '중부(中部)' 명이 있는 목간과
금동제 귀걸이 등도 나왔다. 왕궁이 부소산성 밖 남쪽에
세워진 것은 웅진 시대 왕궁이 공산성 내의 광장에
축조된 것과 크게 다른 점이다.

낙화암 : 백마강을 굽어보는 부소산 서쪽
낭떠러지 단애면에 있는 바위로 백제가 멸망할 때
백제의 3천 궁녀들이 당나라 군사에게 굴욕을
당하지 않으려고 치마를 뒤집어쓰고 백마강
깊은 물에 몸을 던졌다는 전설이 깃들어 있는 곳이다.
이로부터 이 바위를 낙화암(落花岩)이라
불렀다고 한다.

부소산성 : 도성과 왕궁을 호위하는 요새로
자연적인 산세를 따라 가며 쌓았다. 단순한 방어용
산성이라기 보다 국가적으로 위급한 일이있을 때
국왕의 도피성으로 기능하였다.

화지산 : 도성 남쪽에 위치한 산.
의자왕이 망해정이라는 정자를
세우고 궁남지의 경치를 즐긴 곳이다.

정림사 : 백제의 대표적인 절로
도성 안의 절은 나라를 지키는 호국 이념으로
받아들여졌기 때문에 나라에서 관리하는
국립 사찰 형태로 세워졌다.
현재 백제 5층 석탑과 고려 시대 석불 좌상이
남아 있다. 절터는 중문지·탑·금당·강당을
일직선상에 배치한 1탑 1금당식이며,
중문 앞에는 네모진 연못 자리가 있다.

궁남지 : 백제 말기인 634년
왕궁 남쪽 별궁에 만든
사비 도성의 연못.
이때 백제의 연못 만드는 기술이
신라와 일본에도 전해졌다.

군수리 절

서나성 외곽 농경지 : 사비 도성
바깥 지역에는 수로와
무논으로 이루어진 농경지가
넓게 분포하고 있었다

동남지 건물 터 : 사비 도성 내부에서
가장 큰 기와집 자리가 발견되었다.

자연 제방 : 나성으로
이용되었던 것 같다.

구드래 나루터 : 사비 도성에 들어오는 지방의 물자나
외교 사절들이 왕성에 드나들 때 이용하던 중요한 나루터로,
6세기 초에는 불교를 전파하고 사원 건축에 필요한
각종 기술자를 비롯해 오경 박사 등 대규모 문화 사절이
이 나루터에서 왜로 향하는 선박에 몸을 실었다.

구아리 유적지 : 우물과
건물 터가 발견되었다.

세련된 문화의 나라

풍요로운 생산은 세련된 문화를 낳는다. 드넓은 곡창 지대의 생산물들은 정치·경제·종교의 중심지인 부여로 들어와 아름다운 기와집이 늘어선 거리와 먹 향기 그윽한 서재, 풍류가 샘솟는 정원으로 탈바꿈한다. 문화 도시 부여는 시장의 왁자지껄함 속에 아침을 맞고, 아름다운 자갈과 벽돌이 깔린 길 위에서 하루를 보내며, 완함의 선율에 실려 오는 구성진 남도 가락 속에 저녁을 맞는다.

부여 사비 도성의 중심가에 자리잡은 귀족들의 거주지를 재현한 그림이다. 도성의 인구는 주변을 합쳐 5만여 명에 이르며, 왕족과 귀족 외에도 상인, 악사, 일급 건축 기술자 등이 공노비와 사노비를 거느리고 모여 산다. 이곳에는 왕궁과 각종 공공 건물, 왕실의 지원을 받아 세워진 사원과 연못 등이 현대의 계획 도시를 무색케 할 만큼 잘 짜인 구획 속에 자리잡고 있다. 잘 짜여진 시내외 도로망을 통해 전국의 물산이 도성으로 모여들면, 곳곳에 개설된 시장에서 거래가 이루어지고, 발달한 우편 역마 제도에 따라 파발마가 널찍한 거리를 달린다.

◀ 행정 구역을 표시하는 돌 : 1925년 충청남도 부여군 향교 동쪽에서 발견된 표지돌. 사다리꼴 화강암을 다듬어 9cm 가량 크기로 '전부(前部)'라는 글자를 새겨 넣었다. '부'는 도성 또는 나라 전체를 몇 개의 행정 구역으로 나눈 단위이다. 이 밖에도 부여 시내에서는 '상부'라고 새겨진 표지돌과 다른 부 이름이 적힌 기와 조각이 많이 출토되었다.

이층 누각 : 백제에는 이층 건물이 많았다. 문 위에 설치한 이층 누각은 여름철에 시원한 휴식 공간으로 이용되었을 것이다.

기와집 : 사비 도성의 집들은 도성 일대의 기와 공장에서 대량으로 생산되는 기와로 지붕을 얹었다.

백제 여인들은 화장을 했을까 : 화려한 고구려 벽화 속 여인들과는 달리 엷고 은은한 화장을 좋아하여 분은 바르되 연지는 칠하지 않았다. 그러나 백제의 화장품 제조 기술은 일본에 수출될 만큼 높았다.

귀족의 옷 : 백제에서는 일찍부터 신분에 따라 의복을 구별하여 입는 제도가 있었다. 관리는 붉은 빛깔의 옷을 입고 허리띠의 색으로 서열을 표시했으며, 6품관 이상은 관(冠)에 은꽃을 장식했다. 평민은 붉은 옷을 입을 수 없었고 청올치(칡에서 뽑아낸 속껍질)나 삼베를 옷감으로 사용하였다. 거칠긴 하지만 구하기 쉬운 재료였기 때문이다.

도성 거리 | 연꽃 무늬 벽돌 위에 선 도시

사여적이 거리에서 벗을 만나 담소를 나눈다. 그는 도성 내 전부 후항(前部後巷)에 살며 나솔 벼슬을 하는 관리. 교외 법리원 마을에서 거두어들인 곡식을 수레에 싣고 관청으로 가고 있는 중이다. 사비 도성 거리가 밝고 싱그럽다.

물이 잘 빠지는 길 ● 거리에서 눈에 띄는 것은 시원스레 뻗은 포장 도로이다. 왕궁 앞에는 남북 방향으로 폭 8.9m의 대로가 뻗어 있고, 동서 방향으로는 폭 3.9m의 소로가 연꽃 무늬벽돌이나 자갈로 깨끗하게 포장된 채 쭉 뻗어 있다. 이런 포장 도로에서는 집에서 배출한 생활 하수나 빗물이 잘 빠진다. 또 도로 좌우에는 물이 고이지 않도록 도랑을 만들고, 도로가 교차하는 지점에는 돌판으로 조립한 지하 배수로를 설치했다. 물론 도시 전부가 이처럼 완벽한 배수 시설을 갖추고 있는 것은 아니다. 부소산·금성산 일대나 궁남지 남쪽의 상습적인 침수 지역처럼 지형적인 요인으로 인해 개발을 미뤄 둔 곳도 적지 않다.

거리에서 ● 왕궁 앞 남북 대로는 정림사 서쪽 담장을 향해 일직선으로 뻗어 있다. 사여적이 찾아가는 관청가는 이 큰길 양쪽에 자리잡고 있다. 12부서로 구성된 관청들 가운데는 특히 수공업과 관계 있는 곳이 많아 백제가 기술의 나라임을 실감케 해준다.

큰길가에는 상방(거울·칼 제작소)이나 각종 가마(기와와 벽돌을 굽는 곳)를 비롯한 왕궁 소속 공방들이 즐비하다. 그 안에서 공장(工匠)들이 와박사(50~51쪽 참조) 같은 전문가들의 지휘 아래 바쁘게 일손을 놀리고 있다.

관청에서 일을 본 사여적(가명)은 남북 약 210m, 동서 약 182m 규모의 도성을 유유히 걷는다. 거리에는 공방에서 생산된 각종 장신구를 왕궁으로 싣고 가는 대형 수레와 각종 농기구, 생활 용품 등을 시장으로 나르는 지게꾼들이 바쁘게 오간다. 한쪽에는 노래 부르는 가수들의 모습도 보인다. 사여적은 가재도구를 사러 시장에 가기 전 정림사에 들러 옷을 고쳐 입고 부모님의 건강을 기원하는 절을 올렸다.

▶ 인동 당초 무늬 암막새
신라나 고구려에서는 볼 수 없는 삼국 시대의 유일한 암막새 기와. 전라북도 익산시 왕궁면 제석사 터에서 출토되었다.

주소 외우기 쉽겠네 ● 사여적은 시장을 나와 중부 중항(中部中巷)에 사는 형님 댁을 찾아간다. 바둑판 같은 도성에서 집 찾기란 그야말로 식은 죽 먹기.

사여적의 집인 '전부 후항'은 현대 서울로 치면 전구(前區) 후동(後洞), 그의 형님 댁은 중구(中區) 중동(中洞)이다. 사비성에는 이처럼 오늘날의 구(區)에 해당하는 '부'가 다섯 구역, 그리고 부 아래 '항'이 다섯 개씩 있다.

고구려와 마찬가지로 '부'는 본래 백제를 구성하는 부족 연맹체 단위였으나, 중앙집권이 강화되면서 행정 단위로 바뀌었다. 사비 도성 초기에는 상·중·하·전·후 5부만 있었지만, 백제가 한성 시대의 번영을 되찾고 도성의 인구가 늘어나면서 5부 밑에 항을 두게 된 것이다.

▲ 부여 왕궁 유적과 배수 시설
충청남도 부여군 관북리 왕궁 유적에서는 기와 건물과 관영 공방 따위의 유적이 출토되었다. 특히 건물 안과 그 앞을 지나던 도로 양쪽의 배수 시설이 발견되어 계획 도시 부여의 면모를 생생하게 알려 준다.

하수도 : 고대로부터 도시 계획의 잘 되고 못 됨은 하수 시설에서 판가름났다. 사비 도성은 양질의 하수 시설을 갖춘 '좋은 도시'였다. 대부분의 집 앞에는 이러한 하수구가 지나가고 있었다.

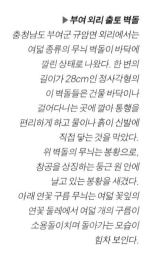

▶ 부여 외리 출토 벽돌
충청남도 부여군 규암면 외리에서는 여덟 종류의 무늬 벽돌이 바닥에 깔린 상태로 나왔다. 한 변의 길이가 28cm인 정사각형의 이 벽돌들은 건물 바닥이나 걸어다니는 곳에 깔아 통행을 편리하게 하고 물이나 흙이 신발에 직접 닿는 것을 막았다. 위 벽돌의 무늬는 봉황으로, 창공을 상징하는 둥근 원 안에 날고 있는 봉황을 새겼다. 아래 연꽃 구름 무늬는 여덟 꽃잎의 연꽃 둘레에서 여덟 개의 구름이 소용돌이치며 돌아가는 모습이 힘차 보인다.

▲ 은제 귀이개 :
서울시 석촌동87-2호 돌덧널(석곽) 출토.
길이 4.1cm.

▲ 은제 자루 달린 유리공 : 충청남도 부여군 장암면 하황리
고분 출토. 작은 유리공에 네잎새 모양의 은판과 꼭지를
붙이고 은봉을 끼웠는데, 꼭지쪽 은봉 끝 부분에는
방울까지 달아매 더욱 앙증맞다.
장신구 중에서도 여자들이 머리를 묶어 장식하는 결발구로
보인다. 은자루가 달린 유리공이라는 의미에서 은병유리구
(銀柄琉璃球)라는 이름이 붙어 있다.

▲ 삼족기 (세발토기) : 사비 시대에 유행했지만 풍납토성,
몽촌토성, 웅진 시대 무덤에서도 많이 발굴된다.
뚜껑 있는 세발토기는 무덤의 껴묻거리로 많이 쓰인 것으로
보아 제사 의식 등에 썼던 특수 용기로 보인다. 중국 육조
문화의 산물로서 백제-중국 문화 교류의 산 증거이다.

▲ 벼루 : 백제 귀족들의 문자 생활을 증명해 주는 유물로
한성 백제 시기에는 직사각형의 벼루가 유행했으나
사비 시대에 오면 둥그런 형태에 받침 다리가 많이 있는
것이 유행했다.

사여적은 큰형님인 사염무(가명) 댁에 들어서면
서 중국에서 가져온 청동제 초두(사진)를 선물
로 내밀었다. 달솔(達率) 벼슬을 지내고 있는 사
염무는 긴 종이를 펼쳐 놓고 붓글씨 삼매경에
빠져 있다. 하지만 사여적은 형님의 글씨를 보
고 피식 웃고, 형님은 그런 사여적을 겸연쩍은
듯 겉눈질한다. 사여적이 보기에 형의 솜씨는
수준급이 못 된다. 머리를 두 갈래로 땋고 비녀
로 쪽을 찐 형수가 그 옆에 앉아 백자 벼루에 먹
을 가는 모습이 차라리 예술적이다.

백제 귀족들은 일찍부터 한문학에 대한 이해
가 깊었고 중국 문화에 대해서도 넓은 안목을
키워 왔다. 이를 바탕으로 세련된 문화 생활을
하고 있는 백제 귀족 중에서도 사씨 가문은 당
당히 명문가 자리를 차지하고 있다.

그 많던 부여씨는 다 어디 갔을까 ● 백제
귀족들은 본래 복성(두 글자 성씨)을 사용했다.
사여적네 사(沙)씨는 '사택', 왕족은 '부여'(출
신지 부여를 나타내는 성)라는 복성을 써 왔다. 그
러다가 중국의 영향을 받아 한 글자 성을 쓰게
되면서 '사'씨나 '여'씨로도 부르게 되었다. 웅
진 시대 무령왕의 이름은 여륭이다.

이 같은 성씨는 귀족 신분을 나타내는 가장
확실한 증명인 셈이다. 백제뿐 아니라 삼국을

통틀어 평민은 성씨를 갖지 못하고 그저 개똥
이·쇠똥이 같은 이름으로만 불렸다.

사여적네 사씨는 웅진 시대 이래 해·진·국·연
·목·협·백씨와 함께 백제에서 가장 영향력 있는
대성(大姓) 8족의 하나였다. 이들 세력은 매우
커서 그 가운데 백씨는 웅진 시대에 동성왕을
살해하고 부여씨로부터 왕권을 빼앗으려 했을
정도로 막강한 힘을 과시하였다.

그럼에도 수백 년 역사를 가진 나라에서 큰
세력을 지녔던 부여씨와 대성 8족이 현대 한국
에서는 별로 찾아볼 수 없게 되었다는 사실은
무엇을 말할까? 이것은 신라의 지배층이었던
김씨와 조선 왕조의 이씨가 현대에도 다수를 이
루고 있는 사실과 비교할 때 흥미를 끄는 대목
이 아닐 수 없다.

한자의 생활화 ● 사염무의 붓글씨 솜씨가 평
범함에도 불구하고 이 집에는 목간·비단·종
이 등에 멋진 행서체나 초서체로 쓴 한시(漢
詩)·명구 들이 많이 걸려 있다. 그 중에는 중국
에 사신으로 갔던 길에 선물로 받아 온 것도 있
지만, 관청의 전문 서기가 써준 것도 있다.

백제 각 행정 부서의
말단에는 국가 운영
에 중요한 문서를

◀ 중국 동진제 초두 :
초두란 세 발로 세워 음식을 데우는
냄비를 말한다.
서울 송파구 풍납토성에서 출토된
것으로 다리 받침에는 세 마리의
짐승이 조각되어 있고 자루 손잡이에는
용을 조각하여 놓았다.
중국에서 수입한 것으로 형태상으로
중국 동진제 초두 가운데 비교적
이른 시기의 것에 해당한다.

작성해 주는 전문 문필 집단이 있다. 이들은 "관리의 일에 능하다〔能吏事〕"는 말을 들을 만큼 행정에 관한 지식을 갖추고 있어 행정 문서나 외교 문서 등을 글로 작성해 준다. 사염무는 이런 전문 서기에게 선물로 받은 글씨를 자기 솜씨인양 자랑하다가 진짜 실력이 탄로나 동생에게 망신을 당한 적이 있다.

어쨌든 한문은 일찍부터 행정이나 외교 등 공식적인 생활 영역뿐 아니라 서예 같은 취미 생활을 비롯한 일상 생활에서도 널리 쓰였다. 주택의 벽돌에 구역을 표시하는 글자를 새기는가 하면(34쪽 사진), 토기에 '대부(大夫)' 같은 관직 이름을 한자로 새겨 넣기도 한다. 기와와 벽돌의 제작을 감독하는 와박사도 벽돌에다 자기가 감독한 작품이라는 사실을 유려한 한자로 새겼고, 세공 기술자도 은팔찌 같은 자기 작품에 작가명·제작년을 한자로 음각했다.

나는 커서 박사가 될래요 ●
개구장이 조카가 사랑채로 뛰어들어와 호자(오른쪽 사진) 구멍에 고추를 들이대고 오줌을 찍 갈긴다. 그러곤 바지를 치켜올리고 사여적의 품에 뛰어든다.

"오늘 학교에서 뭘 배웠지?" 사여적의 질문에 아이는 똘망똘망한 눈망울을 빛내며 "역사에 대해 배웠어요" 한다. 아이는 한성 시대 백제 역사를 정리하여 『서기』라는 역사책을 편찬한(375년) 박사 고흥을 무척 존경한다. 그리고 근구수왕 때의 석학으로 왜에 건너가 글을 보급하고 태자 토도치랑자의 스승이 된 왕인 박사 같은 사람이 되고 싶어한다.

백제는 고구려가 태학을 세워 인재를 양성하는 것을 보고 충격을 받아 중국 동진의 태학 제도를 모델로 학교를 세웠다. 이곳에서 최고의 학식을 쌓은 사람에게 국가가 수여하는 직위가 박사이며, 고흥은 바로 박사이다. 그리고 6세기 후반이 되면 백제의 상류층에 대한 교육은 의학을 포함한 여러 전문 분야로 확대되어 실용적인 학문이 사회 전반에 걸쳐 발전하게 된다.

▼ 호자 : 충청남도 부여군 군수리에서 나온 남자용 소변기. 호랑이 모양으로 만들어 호자라고 한다. 중국에서는 호자가 주전자나 부장용으로 만들어져 사용되었다. 군수리 절터의 호자는 중국 호자의 모양을 변형시킨 것으로 선진 문물을 적극적으로 받아들이는 백제인의 태도와 독창적인 면을 짐작케 해준다. 높이 25.7cm.

▲ 『양직공도』에 그려진 백제 귀족 재현도:
『양직공도』는 6세기 양(梁)나라의 원제(元帝)가 즉위하기 전 형주자사로 재임하고 있을 때 편찬한 그림책이다.
여기에는 판본에 따라 24명 또는 32명의 외국 사신들의 옆모습이 그려져 있다.
백제 사신은 단아한 용모에 관모를 쓰고 무릎을 약간 덮은 두루마기를 입고 있다.
고구려 고분 벽화에서도 흔히 보이는 것처럼 옷의 소매끝, 깃, 아래단에 선을 대고 있다.

⊙ 사택지적비 – 백제 귀족 문화의 시금석

1948년 부여 부소산 남쪽에 쌓아 둔 돌더미에서 백제 지식인의 수준을 가늠케 해주는 비석이 발견되었다. 높이 109cm, 두께 29cm, 폭 38cm의 화강암에 네모 칸을 긋고 새긴 글자들 가운데 지금은 56자만 남아 있다.
"갑인년(654·의자왕 14년) 정월 9일 나지성의 사택지적은, 몸은 해가 가듯 가기 쉬움을 슬퍼하고, 몸은 달이 가듯 돌아오기 어려움을 슬퍼하여, 금으로 장식하여 금당(불상을 보관하는 집)을 세우고 옥을 갈아서 보탑을 세우니, 높고 크고 웅장하며 자비로운 모습은 신령스런 빛을 토함으로써 구름을 보내는 듯하고, 높고 웅장하면서 자비로운 모습은 밝음을 머금음으로써……"
대성 8족에 속하는 귀족 사택지적은 대좌평을 지낸 인물이다. 그의 출신지인 나지성에 있는 성에 '금으로 장식하여' 금당을 세우고 옥을 다듬어 보탑을 세웠다는 것은 그의 경제적 기반이 매우 강했음을 암시한다. 이 비는 은퇴한 후의 울적한 심사를 표현한 것으로서 유려한 4·6변려체로 되어 있다.

▲ **궁남지** : 금강이 감싸고 도는 충청남도 부여군 남쪽에 형성된 배후습지성 연못. 본래 3만여 평에 이르렀다고 한다.
1991~1993년의 발굴 조사 결과, 연못 주변에서 백제 시대의 논 유적과 논농사 기록이 새겨진 목간, 수리 시설 등을 확인했다.

ㅍㄹ ｜ 백 제 의 멋
ㅜㅠ
ㅇ

▲ **완함을 연주하는 악사** : 백제금동대향로에 새겨진
완함 연주자의 모습. 백제 악기로는 군대에서 호령에
쓰던 북, 뿔피리인 고각(鼓角), 하프와 비슷한
공후, 대나무 쟁(箏:거문고의 일종), 대나무 간
(竿:피리의 일종), 대나무 호, 적(笛:피리) 등이
사용되었다. 백제악은 수준이 높아 북주 무제 때는
국기(國伎)가 되었고, 당나라 전성기의
예술 무대에도 등장할 정도였다.

형님 사염무 부부와 함께 궁남지로 가는 사여적
의 가슴은 콩닥거렸다. 그가 벼슬길에 나선 이
래 왕이 베푸는 연회에 나가는 것은 처음이었기
때문이다.

아, 부소산에서 궁남지에 이르는 2km의 궁남
로는 어쩌면 그리도 운치가 있을까. 궁남지 별
궁에서 흘러나오는 거문고 가락이랑 「지리산
가」 노랫소리는 어쩌면 그리도 구성질까.

사여적은 손으로 장단을 맞추며 흥에 겨워 한
마디 던진다.

"어허, 그 악사 목청 한번 구성지군그래!"

그러나 사여적은 다음 순간 움찔했다. 형님의
대꾸 때문이다. "지금 거문고 타고 노래하시는
분이 바로 폐하일세."

신선 놀음이라면 이곳에서 ● 능수버들 늘

어진 '궁남지(宮南池)'는 이름 그대로 궁궐 남
쪽, 즉 사비 도성 남단에 있는 연못이다. 이곳이
도성의 종합 휴양 시설로 완공된 것은 634년(무
왕 35년)의 일이었다. 왕이 휴식하는 공간을 짓
는 일이니만큼 도성과 왕궁 같은 공공 건물이나
정원을 만들 때처럼 많은 백성의 부역 노동이
필요했다.

먼저 주변 마을에서 일정 기간 수천 명씩을
동원하여 동서로 길쭉한 둑을 쌓았다. 그런 다
음 도성 20리 밖에서 물을 끌어들여 둑 안에 가
득 채웠다. 이렇게 만들어진 연못의 넓이는 3만
여 평에 이르렀다. 이 인공 연못가를 죽 둘러 가
며 버드나무를 심고 별궁을 세웠던 것이다.

한편, 연못 한가운데는 작은 산을 쌓아 만든
인공 섬이 홀로 오뚝하다. 이름하여 방장선산
(方丈仙山). 도교에서 신선이 노닌다고 하는 이

상향의 이름이다. 궁남지는 그야말로 신선 놀음에 안성맞춤인 유원지인 셈이다.

잘 노는 왕이 정치도 잘 한다 ●

무왕이 노래를 마치고 거문고를 내려놓았다. 덩실덩실 춤을 추던 신하들도 옷매무새를 가다듬었다. 그러나 중국에 전파될 정도로 발달한 백제 음악이 왕의 한 차례 시연으로 끝날 수는 없다.

왕과 신하들이 술을 마시며 목을 축이는 동안 제사용 금동향로(특별전시실 참조)에 등장하는 전문 악사들이 완함과 장소, 좌고 따위의 악기를 연주하고 아름다운 무희들이 나와 황홀한 몸짓으로 춤을 춘다. 사여적은 침을 삼키느라 그 좋아하는 술도 제대로 마실 수 없을 지경이다.

몇 년 전에 있었던 가뭄 이야기며 당나라에 다녀온 신하들 이야기 등 이런저런 세상 돌아가는 이야기를 신하들과 나누던 왕은 이윽고 연못에 배를 띄웠다. 그리고는 왕비와 함께 배 위에 올라 서서히 노저어 가며 주변의 늘어진 버드나무며 물새 떼가 노는 모습을 감상했다. 무왕의 부인이 신라 진평왕의 딸 선화 공주라는 소문을

들어 온 사여적은 눈을 크게 뜨고 왕비 얼굴을 살피려 했지만, 강물이 반사하는 햇빛에 실루엣만 어릴 뿐이었다. 무왕이 뱃놀이를 즐기는 동안에도 악사들과 가수들은 지칠 줄 모르고 「선운산가」, 「무등산가」, 「방등산가」 등 백제인의 심금을 울리는 유행가들을 사비의 푸른 하늘에 띄워 올렸다. 현대 가요가 주로 젊은 남녀의 사랑과 이별을 노래한다면 백제 노래는 백성들의 정서와 애환을 담았다는 데 그 특징이 있다.

사여적은 문득 백제 특유의 힘과 기백은 바로 이 같은 풍류와 낙천성으로부터 나오는 것이 아닐까 하는 생각이 들었다. 그것은 당나라같이 큰 나라에 가서도 쉽게 느낄 수 없는 기운이었다. 비록 삭은 나라일지언정 왕이 음악의 이치를 알고 악기를 직접 다루며 노래를 부르는 나라가 어찌 약한 나라일 수 있겠는가?

신선 놀음이라면 이들처럼 ●

뱃놀이를 마친 무왕이 궁남지 앞산에 마련된 활터에서 신하들과 활쏘기를 시작했다. 만주 벌판을 달리던 부여의 후예답게 백제인도 고구려인 못지않게 활쏘기와 말타기를 즐겼다. 민간에서도 매달 초 하루와 보름이면 활쏘기를 연습하곤 했다. 사여적도 왕과 함께 사선에 나섰지만, 긴장한 탓인지 백발이 성성한 무왕보다 두 발을 더 놓치고 말았다.

정자로 돌아온 무왕은 태자 의자(義慈)와 '제

왕의 오락' 바둑을 두고, 별궁 주변에서는 갖가지 놀이판이 벌어졌다. 일정한 거리에 단지를 놓고 화살을 던져 그 안에 넣는 투호를 비롯해 부여에서부터 즐기던 윷놀이, 윷놀이와 비슷하지만 말이 많고 말의 움직임도 복잡한 악삭(후세의 '쌍륙'), 구슬을 다루는 용주회······.

구드래 나루터로 넘어가는 붉은 햇빛을 받아 상기된 연꽃이 궁남지의 밤을 재촉하고 있었다.

▶▼ '제왕의 두뇌 스포츠' 바둑 :
백제 의자왕이 하사한 바둑 돌과 그 시대에 사용된 것으로 보이는 바둑판.
일본 쇼소인(正倉院)에 소장되어 있는 유물이다.

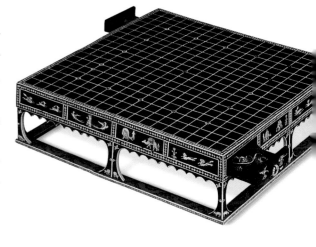

⊙ 서동과 선화 공주의 사랑

백제 무왕은 과부의 아들로 마를 캐며 불우한 어린 시절을 보냈다. '서동(마 캐는 아이)'이란 이름은 이때 생겼다. 신라 진평왕의 셋째 공주인 선화가 아름답다는 이야기를 들으며 자란 그는 머리를 깎고 경주로 갔다. 그리고 여기서 노래를 지어 아이들에게 퍼뜨리게 했다. "선화 공주님은 남몰래 얼어 두고 서동방을 밤에 몰래 안고 간다." 이 외설적인 노래가 널리 퍼져 궁중에까지 들어가자, 진평왕은 분노하여 선화 공주를 귀양 보냈다. 이를 기다렸던 서동은 귀양 길에 숨어 있다가 공주 앞에 나타나서 자기 정체를 밝히고 함께 백제로 갔다. 이때 공주가 서동에게 어머니로부터 받은 금을 보여 주자, 이를 본 서동은 "내가 어릴 때부터 마를 파던 곳에 이 황금이 흙처럼 쌓여 있다"고 했다. 황금을 찾은 두 사람은 지금의 전라북도 익산시 용화산 절에 있던 지명 법사의 도움으로 그 황금을 신라에 보내니 진평왕은 서동을 사위로 인정했고, 그 후 서동은 백제 왕이 되었다. 이러한 서동과 선화 공주의 결혼 이야기는 백제와 신라의 혼인 동맹을 반영하는 설화라고도 하고, 미륵사를 만들 때 생긴 설화라고도 한다. 어쨌든 이 설화에는 '서동'으로 대표되는 말없는 다수 서민들의 살아가는 모습과 꿈이 담겨 있다. 고대에도 누군가 경제적인 부와 백성들의 민심을 얻어 지배층으로 신분 상승한 이들이 있었을 것이고, 그러한 '출세'를 꿈꾸던 사람들의 희망이 이 설화에 담겨 있는 것이다.

▶ 봉황 장식 일산대 끝 :
부소산성에서 출토된
것으로 왕의 양산(日傘)을
꾸미는 장식물로 쓰였다. 여의주를
물고 있어 용으로 보기도 하나 봉황이 맞다.

"어라하님! 이제 그만 들어가시지요. 내일 조회가 있습니다." 주연에 흥취해 있는 무왕에게 다가오며 말을 건넨 이는 태자인 의자. '어라하'는 백제에서 임금을 일컫는 말이다.

"아니 이게 누구신가? 해동증자가 아니신가? 이런! 천하의 계백 장군도 함께 계셨군그래."

증자는 공자 제자 중에서도 효자로 이름난 인물로, 의자는 어려서부터 효성과 형제애가 지극해 '해동증자'로 불렸다. 또 의자에게는 계백이라는 둘도 없는 측근이 있어 무왕은 앞날이 든든했다. 자, 그럼 이 행복한 국왕 부자의 뒤를 따라가 백제 어라하님의 생활을 살펴보기로 하자.

왕의 정장 연출법 ● 이튿날 아침 무왕은 술이 덜 깬 채 일어났다. 시종들의 손이 많이 간 것은 당연한 노릇.

네 마리의 사자가 꼬리에 꼬리를 물며 질주하는 모습이 새겨진 청동 거울 앞에서 머리를 단정히 빗어 묶은 다음, 새 모양의 금제 머리핀으로 마무리했다. 청동 다리미로 공들여 다린 품위 있는 자색 두루마기에 비단 바지를 입고 머리에는 불꽃 모양의 장식을 한 금동관, 손목에는 금팔찌, 발에는 검정 가죽신 위에 징을 여러 개 박은 금동 신발을 착용했다. 그리고 손잡이 고리에 용머리가 조각되어 있는 금제 환두대도

(이상 40~43쪽 사진)를 허리에 차면 왕의 조회 참석 준비는 대체로 마무리된다. 이제 간단히 식사를 하고 구리 받침에 얹어 내온 은잔을 받아 차를 마시며 왕비를 기다리면 된다.

침전을 나서니 아침 햇살이 눈부시다. 시녀들이 냉큼 봉황 장식 손잡이가 달린 일산(해가리개)을 펴들고 뒤를 따랐다. 업무를 보는 정전 앞에서는 벌써 장관급인 6좌평과 차관급인 달솔 등 백관들이 줄지어 서서 머리를 조아렸다. 관에 은꽃 모양의 장식을 단 사람들은 사여적 같은 6급 나솔 이상 고위 관리들이었다. 이들과 더불어 어라하의 바쁜 하루가 시작된 것이다.

흔들릴 때도 있었지 ● 백제 왕궁이 늘 이렇게 호시절이었던 것은 아니다. 웅진 시절에는 왕권이 크게 흔들렸다. 왕권이 다시 선 것은 성왕이 사비로 도읍을 옮기면서부터였고, 그 기초를 닦은 사람은 성왕의 아버지 무령왕이었다.

8척(2m) 장신으로 눈매가 그림 같고 인자하여 백성의 마음을 사로잡았다는 무령왕. 그는 열여섯 살 때 아버지와 문주왕이 병관좌평 해구에게 죽임을 당하고, 마흔 살 때 아우인 동성왕이 귀족 백가에게 또 살해당하는 왕권의 위기를 지켜보았다. 우여곡절 끝에 왕위에 오른 무령왕은 가림성에서 반란을 일으킨 백가를 제압하고

두루마기 : 백제 왕과
귀족 여인들은 보통 실내에서는
저고리와 치마를 입었으나
예의를 갖추어야 할 공식적인
행사 때나 외출 때는
겉옷으로 두루마기를 입었다.
신분이 높을수록 색깔이 진하고
무늬도 다양했다.

▲ **귀걸이** : 무령왕릉 출토. 귀에 거는 작은 고리와 고리 밑에 드리워진 장식 부분으로 구성되어 있다. 형태와 장식이 경주 부근에서 나온 신라의 금귀걸이들과 비슷하다. 고리에는 두 줄의 장식이 매달려 있다. 순금으로 만든 백제 금속 공예품의 백미이다.

▲ **금모 곡옥** : 비취색 굽은 옥(曲玉)에 누금 세공을 한 금제 모자를 씌운 것으로 무령왕릉에서는 장식으로 금 모자를 씌운 유물이 모두 25개 발견되었다.

그의 목을 베어 백강에 던졌다. 이어 대성 8족의 지지를 확보하고 일본, 중국 남조와 교류하여 국위를 만회했다. 무엇보다 기근이 들면 창고를 열어 백성의 마음을 산 것이 무왕대로 이어지는 태평성대의 토대였다.

마지막 왕은 봉인가? ● 그렇다면 무왕의 촉망받는 태자, 곧 의자왕은 이 태평성대를 어떻게 이어갔을까? 그는 즉위하자마자 귀족 40여 명을 숙청하고 죄수를 석방하는 민심 수습책을 펼쳐 왕권을 강화했다.

여기까지는 좋았다. 그러나 그 다음 기록은 형편없다. 점차 자만과 안일에 빠져 정사를 제대로 돌보지 않았고, 이를 말리던 좌평 성충(成忠)도 감옥으로 보냈다. 또 주색잡기에 빠져 본부인이 아닌 첩에게서만 자식을 41명이나 낳았다. 그러자 왕의 여인을 끼고 출세해 보려는 자들이 궁정을 들락거리면서 백제는 멸망의 길로 치달았다. 그리고 끝내 백제 최후의 날 의자왕의 '삼천 궁녀'가 낙화암에서 몸을 던졌다.

그러나 한때의 '해동증자'가 그렇게까지 타락할 수 있었을까? 망국의 군주는 으레 오만 가지 결함과 부도덕의 오명을 뒤집어쓰게 마련이다. 하지만 그는 입을 열어 자신을 변명하지 못한다. 백제사의 참된 복원은 의자왕에게 객관적인 평가를 돌려주는 것과 궤를 같이할 것이다.

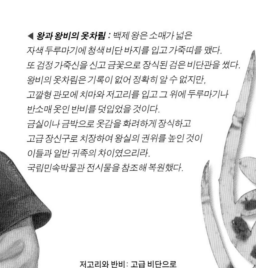

◀ **왕과 왕비의 옷차림** : 백제 왕은 소매가 넓은 자색 두루마기에 청색 비단 바지를 입고 가죽띠를 맸다. 또 검정 가죽신을 신고 금꽃으로 장식된 검은 비단관을 썼다. 왕비의 옷차림은 기록이 없어 정확히 알 수 없지만, 고깔형 관모에 치마와 저고리를 입고 그 위에 두루마기나 반소매 옷인 반비를 덧입었을 것이다. 금실이나 금박으로 옷감을 화려하게 장식하고 고급 장신구로 치장하여 왕실의 권위를 높인 것이 이들과 일반 귀족의 차이였으리라. 국립민속박물관 전시물을 참조해 복원했다.

저고리와 반비 : 고급 비단으로 된 소매가 넓은 저고리를 입고 그 위에 반비를 걸쳤다. 반비는 문헌상으로는 통일신라 시대에 등장한다. 저고리의 끝동과 반비의 깃에는 금실로 아름다운 무늬를 짜넣어 화려하게 장식했다.

주름치마 : 고대 여인들 사이에 유행한 옷차림은 단연 주름치마 이며 백제 왕비의 경우도 예외가 아니었을 것이다. 치마 속에 속곳과 속바지 그리고 속치마를 다 갖추어 입어 풍성한 실루엣을 연출했다.

불꽃 무늬 : 불꽃 무늬 벽돌이나 일본에 있는 옥충주자(57쪽 참조)의 투조(43쪽 참조) 장식품 무늬와 같다. 또한 호류지(法隆寺) 백제 관음상을 비롯한 수많은 일본 아스카 시대 부처들에 달려 있는 광배의 투조 무늬와도 같아 고대 일본 문화에 준 백제의 영향을 보여 주는 귀중한 자료의 하나이다.

▲ **왕의 관식** (관에 꽂는 장식)
무령왕릉에서 나온 금동 투조 무늬 관식. 불길 모양을 형상화한 것인데, 너울거리고 반짝거리면서 불길의 입체감을 살려 주는 무늬가 규칙적으로 뚫려 있다. 고구려의 구름 무늬나 불길 무늬와 비슷하면서도 더 자유롭고 여유로워 보이는 백제 특유의 모습을 하고 있다. 높이 30.7cm. 국보 154호.

왕실 명품 열전

무덤 속에 1400년이나 묻혀 있던 백제 왕실의 공예품.
그런데도 대단히 화려하다. 또한, 화려하면서도 사치스럽지 않다.
사치가 아닌 품위. 그것이 백제 금속 공예의 특징을 집약해 놓은 무령왕릉 안에 있다.
여기서 나온 금속 공예품들은 무령왕이 살았던 웅진 도읍기뿐 아니라
백제 전체의 금속 공예품에서 차지하는 비중이 매우 크다.
이 명품들에는 주금(鑄金), 단금(鍛金), 조금(彫金) 등 금속 공예의 거의 모든
제작 기법들이 구사되어 있다(사진 설명 참조). 이런 기법들은 무령왕 시대의 백제가
교류하던 중국 남조의 여러 나라들에서 사용되던 것이다. 그러나 백제인은 단순히
중국 것을 모방하는 데서 그치지 않고 이를 소화하여 독자적인 색깔의 공예품을
만드는 원숙한 단계에 올라 있었다. 백제금동대향로('특별전시실' 참조)
같은 걸작은 바로 이러한 문화적·기술적 환경 속에서 나올 수 있었다.

▶ **금제 뒤꽂이** : 왕의 머리 부위,
청동 거울 위에서 발견되었다.
왕의 머리에 꽂았던 것으로
추정된다. 위쪽은 역삼각형의
얇은 금판, 아래쪽은 세 개의 핀으
로 구성되어 전체 모양은 새와 같다.
맨 윗부분에는 여덟 잎의 꽃무늬가
좌우에 한 개씩 배치되어 있고
그 아래에는 S자형의 인동 무늬
두 줄기가 서로 대칭을 이루고 있다.
금속판을 형틀 위에 올려놓고 망치로
두드려서 무늬나 모양을 나타내는
타출(打出) 기법을 사용했다.
길이 18.4cm, 윗부분 폭 6.8cm.
국보159호.

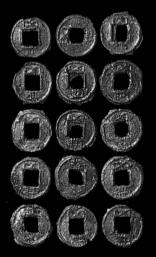

▲ **오수전 (五銖錢)** : 왕비 지석 위에
약 90개분을 꾸러미로 올려 놓은 화폐.
지름 2.4cm. 구멍 좌우에
'오수(五銖)' 두 글자를 새겼다.
지석에는 "돈 1만 문(文)"으로 지신(地神)
에게서 땅을 산다고 씌어 있는데, 그 대금을
상징하면서 영혼 배웅, 잡귀 예방의 뜻을
지닌 것으로 보인다. 오수전은
고대 중국의 가장 대표적인 화폐로
'수(銖)'는 원래 무게를 나타내는 단위였다.

▼ **유리 동자상** : 왕비의 허리 부분에서
두 개 발견된 것으로, 남녀 어린아이를 표현했다.
왕비가 살아 있을 때 부적과 같이 몸에 지녔거나
장신구에 매달고 다니던 호신물(護身物)로
추정된다. 높이 각 1.6cm, 2.8cm.

▶ **환두대도** : 왕의 왼손 근처에서 발견되었다.
손잡이 고리 안에 용머리를, 고리 표면에는 몸 하나, 머리 둘인
용을 새겼다. 손잡이는 미끄러지지 않도록 정교한 은줄로 감고,
끝에는 봉황을 새겼다. 이처럼 용과 봉황이 장식된 환두대도는
5세기 후반 이후 삼국 시대의 왕릉급 무덤에서만 출토된다.
섬세한 무늬를 나타낼 때는 금속 바탕에 가는 금선이나 금알갱이를
붙여 표현하는 누금 기법을 사용했다. 길이 82cm(칼자루만 22cm).

▲ 청동 신수 무늬 거울 :
왕의 발치에서 발견된 원형 구리 거울.
거울 뒤편에 "상방(왕의 칼이나 기물을
만드는 관청)에서 만든 거울이
참으로 좋으니, 위에는 선인이 있어
늙음을 알지 못하며, 목마르면 구슬 같은
맑은 물을 마시고 배고프면 대추를
먹으며……"로 풀이되는
글자를 새겼다. 가운데 둥근 꼭지 주위에
작은 돌기 12개와 12지(支) 문자를
새겼다. 중국 후한 때 유행한
'방격규구경(方格規矩鏡)'과 같은
유형이다. 지름 17.8cm,
두께 7mm. 국보 161호.

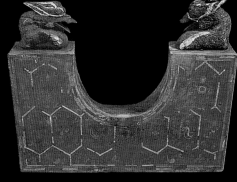

▲ 금동 신발 : 왕비의 발치에서 발견되었으며, 좌우측 금동판과
바닥판 등 3장의 판을 은실과 못 등으로 연결하여 만들었다.
금동판을 당초(唐草) · 봉황 · 거북등 모양으로 오려
신발 겉면을 장식하고, 바닥에는 수많은 징을 달았다.
무늬를 표현할 때는 끌로 뚫어서 표현하는 투조(透彫) 기법을
사용했다. 전체 길이 약 35cm, 바닥 너비 22cm.

◀ 동제 잔받침과 은잔 :
왕의 머리 부근에 놓였던 잔과 받침.
부드러운 곡선미를 주면서 표면에
섬세하고 화려한 무늬를 새겼다.
역시 많은 무늬를 새긴 잔받침
위에 올려 위아래의 안정된 조화를
꾀했다. 뚜껑에 묘사된 산과 계곡,
날짐승은 고대 회화 연구의 귀중한
자료이다. 은잔은 중국 한나라 때부터
내려오는 박산 향로(특별전시실 참조)
모양을 하고 있다. 녹인 금속액을
형틀에 부어서 만드는 주금(鑄金)
기법을 사용했다. 높이 15cm.

▲ 나무 베개 : 베개의 나무 표면에 붉은색 옻칠을 하고
금박으로 거북등 무늬(龜甲紋)를 넣은 다음, 그 무늬 안에
가늘게 비천(飛天) · 주작 · 어룡(魚龍) · 연꽃을 그렸다.
남아 있는 백제 회화가 극소수인 사실을 고려하면 이 그림들은
백제의 회화 수준을 가늠할 수 있는 매우 귀중한 자료이다.
한편 베개와 짝을 이루는 나무 발걸이에는 바람을 타고 하늘에
두둥실 떠 있는 구름 무늬가 압권이다. 너비 40cm. 국보 164호.

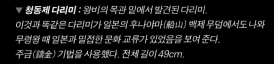

▼ 청동제 다리미 : 왕비의 목관 밑에서 발견된 다리미.
이것과 똑같은 다리미가 일본의 후나야마(船山) 백제 무덤에서도 나와
무령왕 때 일본과 밀접한 문화 교류가 있었음을 보여 준다.
주금(鑄金) 기법을 사용했다. 전체 길이 49cm.

▲ 팔찌 : 왕비의 것으로 글자가 남아 있는 국내 유일의 팔찌.
"경자년(520년 추정)에 다리(多利)라는 장인이 왕비를 위해
만들었다"는 글씨를 팔찌 안쪽에 새기고 밖에는 혀를 내민 용을
조각했다. 520년은 왕비가 죽기 6년 전에 해당하여 왕비가
살아 있을 때 이 팔찌를 사용했음을 알 수 있다. 열을 가한 금속을
망치로 두드려서 형체를 만드는 단금(鍛金) 기법을 사용했고,
두 마리 용은 끌과 망치로 세부 모양을 양각하는 기법으로
표현했다. 지름 14cm. 국보 158호.

신이 내린 기술의 나라

신라 황룡사 9층 목탑과 불국사 석가탑, 일본 건축 공예의 정수인 아스카지와 호류지 5층탑. 모두가 백제 장인의 손으로 빚어진 고대 동아시아 최고 수준의 건축 공예물들이다. 백제인이 세련된 생활 속에 기술을 우대하는 높은 안목을 갖고 있지 않았다면 이러한 백제의 저력은 결코 발휘될 수 없었을 것이다.

대가람 | 백제인의 기예를 한데 모아

때는 7세기 초 어느 날. 익산 평야 한복판에 우뚝 솟은 미륵산이 끌어안고 있는 7만여 평의 넓은 터전. 이곳에서 백제 토목 공예의 결정판인 미륵사를 짓는 공사가 막바지로 치닫고 있었다. 와박사·노반 박사 등과 최고의 장인들이 가마에서 기와와 벽돌을 굽고 작업장에서 돌과 나무를 다듬으면, 신라의 진평왕이 보내준 지원 인부들을 포함한 수천 명의 일꾼이 탑과 금당과 당간지주를 올린다.

미륵을 맞이하는 망치질 소리 ● 미륵산 기슭에 마련된 장인 마을에서 밥짓는 냄새가 구수하다. 수천 명의 장인들이 미륵산의 정기를 머금은 이슬을 밟고 하나 둘씩 숙소를 나선다. 마을 안에 죽 늘어선 관영 공방이 바로 그들의 일터. 박사들은 설계 도면을 보면서 하루 일정을 가늠하고 각 공방에 주문을 낸다.

전체가 돌산인 미륵산은 이 지역 특산의 순백색 화강석을 알맞은 크기로 채취하는 인부들로 가득하다. 또 부근의 산에는 목재를 얻기 위해 나무를 자르는 사람들이 있다. 이렇게 구한 돌과 목재들은 미륵산 아래 공방으로 옮겨져 장인들의 전공 분야에 따라 분업화된 작업 공정에 맡겨진다. 이 과정에서 거친 자연 상태의 돌과 나무가 미륵을 맞이하는 대가람(사찰)의 정교한 재료로 다듬어지는 것이다. 이 건축 재료들을 수레나 말에 싣고 수많은 사람들이 함께 건축 부지로 옮기는 장면은 그야말로 장관이다.

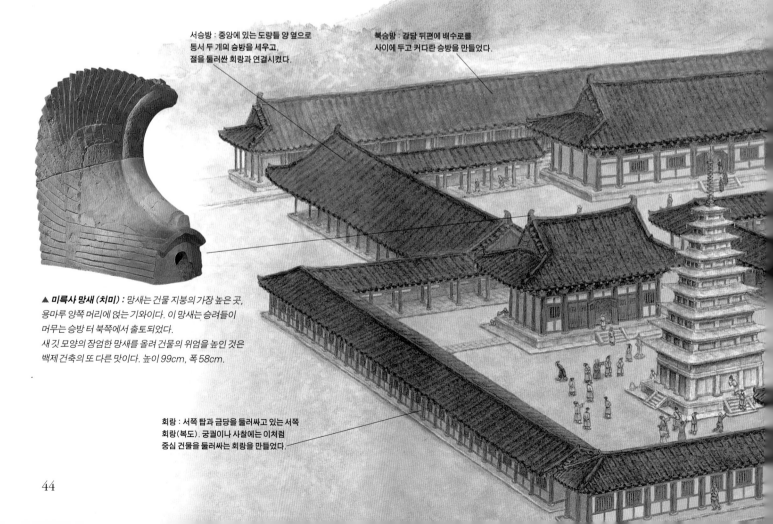

서승방 : 중앙에 있는 도랑들 양 옆으로 동서 두 개의 승방을 세우고, 절을 둘러싼 회랑과 연결시켰다.

북승방 : 강당 뒤편에 배수로를 사이에 두고 커다란 승방을 만들었다.

▲ **미륵사 망새 (치미)** : 망새는 건물 지붕의 가장 높은 곳, 용마루 양쪽 머리에 얹는 기와이다. 이 망새는 승려들이 머무는 승방 터 북쪽에서 출토되었다.
새 깃 모양의 장엄한 망새를 올려 건물의 위엄을 높인 것은 백제 건축의 또 다른 맛이다. 높이 99cm, 폭 58cm.

회랑 : 서쪽 탑과 금당을 둘러싸고 있는 서쪽 회랑(복도). 궁궐이나 사찰에는 이처럼 중심 건물을 둘러싸는 회랑을 만들었다.

불국토의 중심 도량 ● 무왕의 선왕인 법왕(재위 599~600)은 모든 살생을 금지하면서 사냥 기구는 물론 물고기 잡는 그물도 불살라 버리게 했다. 이 같은 백제인의 투철한 불심과 빼어난 미적 감각, 그리고 장인들의 탁월한 기술이 조화를 이루어 미륵사는 완성되기 전부터 이미 완벽한 배치와 우아한 조형을 과시하고 있었다.

미륵사는 또 규모와 구상이 대담하기로도 소문나 있다. 백제 절의 전형은 탑과 금당이 하나씩 있는 '1탑 1금당' 형식이지만, 미륵사는 가운데와 동서에 각각 탑과 금당을 하나씩 갖는 '3탑 3금당'의 거대한 절로 만들어졌다. 장인들은 미륵사 가운데에 높이 60m 가량의 거대한 나무탑과 금당을, 동쪽과 서쪽에는 나무탑을 모방한 석탑과 금당을 세웠다.

각각의 탑과 금당 사이에는 돌로 만든 석등을 세우고, 암흑에서 헤매는 중생들을 광명 세계로 이끌어 갈 등불을 밝히게 했다. 그리하여 미륵을 맞기에 손색없는 도량이 완성되던 날, 익산 벌에는 수만 명의 함성이 가득 메아리쳤다. 무왕이 이렇게 거대한 절을 지은 것은 그가 본래 익산으로 수도를 옮길 생각을 하고 이곳을 왕궁으로 설계했기 때문이라는 설도 있다.

위대한 발상의 전환 ● 나무탑은 전통도 오래 되었고 만들기도 쉬웠다. 그런데 백제인은 왜 석탑을 세웠을까? 중국에서 건너온 목탑 양식을 따르기만 할 것이 아니라 우리도 한번 우리 식대로 탑을 만들어 보자는 것이었을까? 아니면 화재나 습기에 약한 목재 대신 영구 보존이 가능한 돌을 쓰자는 것이었을까? 그것도 아니면 기술에 자신이 있으니까 주변에서 쉽게 구할 수 있는 돌로 만들어 보자는 것이었을까?

그 어느 쪽이든, 그들이 해낸 것은 세계 건축 사상 획기적인 발상의 전환이었다. 돌로 탑을 쌓는다는, 평범한 듯한 이 생각을 그 전까지는 세계의 어느 누구도 하지 않았다. 전통과 관행이라는 '권위'는 사실 어지간한 창의력과 과단성이 없고서는 깰 수 없는 것이다. 더군다나 백제 장인들은 이곳 익산에서 쉽게 구할 수 있는 토산 재료로 그 어떤 외국의 아름다운 목탑에도 뒤지지 않는 탑을 만들어 냈다.

이러한 발상의 전환과 이를 뒷받침하는 기술력이야말로 백제인이 후세에 남겨 준 자부심의 가장 큰 원천이다.

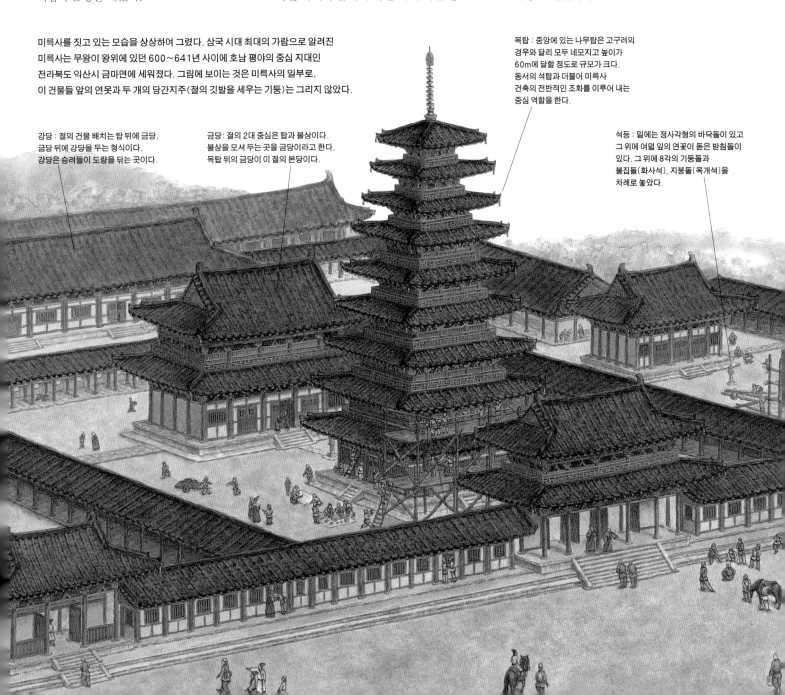

미륵사를 짓고 있는 모습을 상상하여 그렸다. 삼국 시대 최대의 가람으로 알려진 미륵사는 무왕이 왕위에 있던 600~641년 사이에 호남 평야의 중심 지대인 전라북도 익산시 금마면에 세워졌다. 그림에 보이는 것은 미륵사의 일부로, 이 건물들 앞의 연못과 두 개의 당간지주(절의 깃발을 세우는 기둥)는 그리지 않았다.

목탑 : 중앙에 있는 나무탑은 고구려의 경우와 달리 모두 네모지고 높이가 60m에 달할 정도로 규모가 크다. 동서의 석탑과 더불어 미륵사 건축의 전반적인 조화를 이루어 내는 중심 역할을 한다.

강당 : 절의 건물 배치는 탑 뒤에 금당, 금당 뒤에 강당을 두는 형식이다. 강당은 승려들이 도량을 닦는 곳이다.

금당: 절의 2대 중심은 탑과 불상이다. 불상을 모셔 두는 곳을 금당이라고 한다. 목탑 뒤의 금당이 이 절의 본당이다.

석등 : 밑에는 정사각형의 바닥돌이 있고 그 위에 여덟 잎의 연꽃이 돋은 받침돌이 있다. 그 위에 8각의 기둥돌과 불집돌(화사석), 지붕돌(옥개석)을 차례로 놓았다.

백제 건축, 현해탄을 건너다 ● 일본의 나라〔奈良〕 지방. 이곳은 능선이 나지막하고 부드러운 구릉으로 둘러싸여 있어 한반도의 서남부, 곧 백제 땅을 연상시킨다. 이곳을 수도로 삼아 일본을 다스린 쇼토쿠 태자는 백제의 승려와 한문학자, 미술가, 공예가를 초청하고 그들의 도움을 받아 아스카 문화를 일으켰다.

바로 이곳 나라 지방에 당시 일본 불교의 중심 사원이던 아스카지〔飛鳥寺〕가 있다. 백제에서 들어온 불교를 공인하는 데 앞장선 소가〔蘇我〕씨 가문의 사찰로 잘 알려진 절이다. 이 유명한 절은 미륵사가 건축되고 있던 것과 비슷한 시기인 7세기 초 백제에서 건너간 장인들의 기술로 지어지기 시작했다.

이 절은 일본 사상 최초의 대규모 사찰이자 세계적으로도 손꼽히는 목조 건물로서 그 부속 건물들의 설계 방법과 시공 기술이 백제의 것과 같다. 더욱이 서쪽 문은 그 치수까지도 백제 정림사의 것과 같다.

아스카지뿐만이 아니다. 조사공(造寺工) · 와박사(瓦博士) · 화사(畵師) 등으로 불리는 백제 장인들은 반도가 좁다는 듯 바다를 건너가 그곳에서 자신들의 재능을 마음껏 발휘했다. 일본 건축이 설계의 원칙과 방법, 건축 부지, 방위, 종류와 크기 및 배치, 재료와 양식 등 모든 면에서 백제 건축을 닮게 된 것은 당연한 일이다.

석탑 : 목탑의 동서로는 목탑을 본뜬 두 개의 거대한 석탑을 쌓았다. 현재는 서탑의 일부만 허물어진 채 '미륵사지 석탑'이라는 이름으로 남아 있다. 이 탑의 규모는 정확하지 않으며 9층이었을 것이라는 견해가 많다.

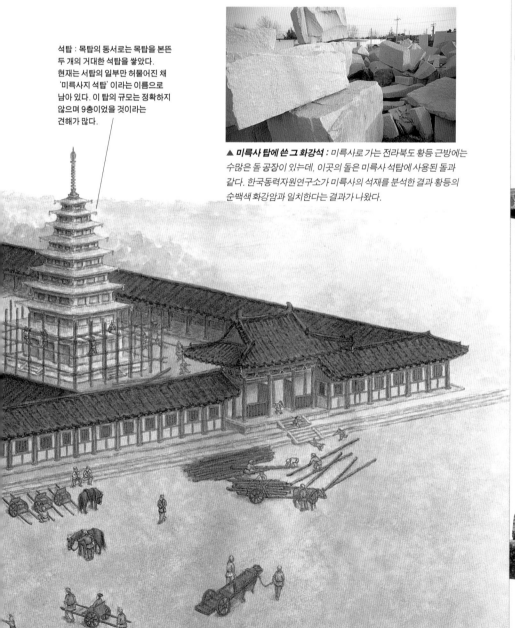

▲ **미륵사 탑에 쓴 그 화강석** : 미륵사로 가는 전라북도 황등 근방에는 수많은 돌 공장이 있는데, 이곳의 돌은 미륵사 석탑에 사용된 돌과 같다. 한국동력자원연구소가 미륵사의 석재를 분석한 결과 황등의 순백색 화강암과 일치한다는 결과가 나왔다.

정말 사람이 만들었을까 ● 미륵사 서쪽 탑은 20세기 초 벼락에 맞아 반이 무너졌다. 문화재 당국은 이 탑을 모델로 동쪽 탑을 복원해 보았다. 그 결과 높이가 상륜부를 포함해 27.8m, 웬만한 아파트 10층에 해당하는 거대한 탑이 만들어졌다.

이 복원 작업에는 2천 7백 톤의 돌이 들어가고, 온갖 현대 장비를 투입하고도 연인원 4만 5천 명이 동원되었다. 그러니 장인 정신 하나로 일일이 손으로 돌을 다듬고 짜맞추어야 했던 백제 시대에는 도대체 얼마나 많은 사람이 얼마나 많은 공을 들였을까?

이처럼 미륵사 탑은 현대 첨단 건축 공학의 눈으

지붕돌 : 경사지지 않은 얇은 판석으로 처리하고, 처마는 살짝 들어올려 경쾌하게 상승하는 느낌을 준다.

받침돌 : 지붕돌을 받치고 있는 것으로 2단으로 쌓았으며, 지붕돌과는 다른 재질의 돌을 쓰고, 그 돌의 모서리를 둥글게 다듬어 마무리했다.

우주(모서리 기둥) : 1층 탑몸의 모서리 기둥. 목탑을 석탑으로 번안하는 과정에서 만들어진 것이다.

로 보더라도 그 웅장함과 섬세함에 놀라움을 금할 수 없다.

미륵사 탑은 조선 시대에 나온 『동국여지승람』에 우리 나라 최대의 석탑으로 기록되어 있다. 그러나 미륵사 석탑은 그런 규모를 떠나 상식을 뛰어넘는 기술력과 장인 정신의 승리라고 하지 않을 수 없다.

정림사 탑 – "돌은 돌다워야 제 맛" ● 익산에서 부여로 눈길을 돌리면 미륵사 석탑과 대조를 이루는 또 다른 석탑이 우뚝 서 있다. 미륵사 탑보다 작지만 장식을 조각으로 처리하는 등 조형적으로는 더 세련되어 보이는 이 탑의 이름은 정림사지 5층 석탑. 이 탑을 보고 있노라면 이런 백제 장인의 목소리가 들리는 듯하다.

"돌을 잘 다듬어 목조 누각처럼 보이게 하는 기술도 좋지. 하지만 돌은 돌, 돌이 보여 줄 수 있는 특유의 질감과 아름다움이 있어. 기왕 석탑을 짓기로 했으면 나무탑을 복제하는 수준을 넘어 석탑 고유의 양식을 세워야 한다는 거야."

그는 이런 말을 할 자격이 있다. 정림사 탑은 돌탑만의 독특한 양식과 빼어난 비례 감각을 보여 주고 있기 때문이다. 편평한 지붕돌을 이용해 백제 탑의 고유한 품격을 갖춘 정림사 탑은 후대에 한국 석탑이 가야 할 길을 잘 말해 주고 있다.

▲ **청동제 모형 탑** : 충청남도 부여군 동남리 금성산 출토. 좌우 길이 13.7cm. 처마를 길게 뽑아 비가 많고 더운 지역에 알맞은 이 지붕의 구조는 백제에서 왜로도 전해졌다. 또 통풍이 잘 되도록 격자 창을 냈다.

건축의 달인은 수학 귀신 ● 정림사 탑의 설계 도면을 보자. 바닥돌 한 변의 너비는 수학에서 말하는 등차 수열의 원칙에 따라 정해진다. 단위 치수를 3으로 할 때 1층의 높이는 2, 다른 층의 높이는 1이다. 또 2층 처마 너비는 3, 5층 처마 너비는 2로 한다. 또 설계 도면에는 5층 위에 금속 막대기를 설치하도록 그려 놓았는데, 그 높이는 바닥돌 너비의 3분의 2로 잡았다.

이처럼 정림사 탑 설계에는 수학과 역학의 지식을 다양하게 적용했다. 2층으로 된 바닥 단은 비록 간단하게 처리되었지만 탑몸과 잘 결합되어 조화를 이룬다. 각 지붕돌은 2단 고임으로 처마를 떠받들고 있으며, 처마 끝의 들린 곡선과 약간 휜 추녀 마루 곡선은 상대적으로 길게 뽑은 처마와 어울려 경쾌한 감을 돋운다. 백제 탑의 미학적 승리는 수학의 승리이기도 하다.

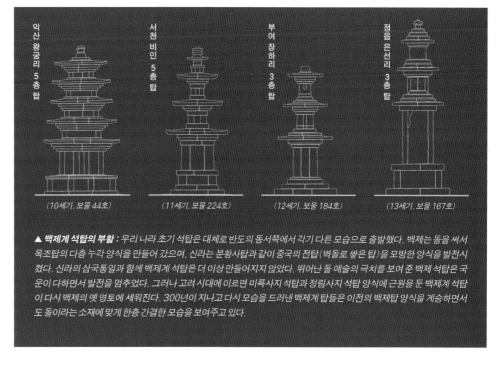

익산 왕궁리 5층 탑	서천 비인 5층 탑	부여 장하리 3층 탑	정읍 은선리 3층 탑
(10세기. 보물 44호)	(11세기. 보물 224호)	(12세기. 보물 184호)	(13세기. 보물 167호)

▲ **백제계 석탑의 부활** : 우리 나라 초기 석탑은 대체로 반도의 동서쪽에서 각기 다른 모습으로 출발했다. 백제는 돌을 써서 목조탑의 다층 누각 양식을 만들어 갔으며, 신라는 분황사탑과 같이 중국의 전탑(벽돌로 쌓은 탑)을 모방한 양식을 발전시켰다. 신라의 삼국통일과 함께 백제계 석탑은 더 이상 만들어지지 않았다. 뛰어난 돌 예술의 극치를 보여 준 백제 석탑은 국운이 다하면서 발전을 멈추었다. 그러나 고려 시대에 이르면 미륵사지 석탑과 정림사지 석탑 양식에 근원을 둔 백제계 석탑이 다시 백제의 옛 영토에 세워진다. 300년이 지나고 다시 모습을 드러낸 백제계 탑들은 이전의 백제탑 양식을 계승하면서도 돌이라는 소재에 맞게 한층 간결한 모습을 보여주고 있다.

기와공장 | 신의 손을 가진 사람들

▲ **기와 가마** : 충청남도 부여군 정암리 백제 시대 가마 터. 기와굴 여러 개가 집중적으로 배치되어 있으며, 연기 구멍이 세 개씩 있는 모습이 특색이다.

▲ **문자 기와** : 충청남도 부여군 부소산성 출토. 백제 기와는 고구려·신라와 달리 기와를 구운 지역·연도·이름 등 문자를 새긴 것이 많다. 도장 문자를 썼다는 뜻에서 '인장와'라고도 불린다. '대통(大通)'은 중국 남조 양 무제의 연호. 중국으로부터 도입된 제작법으로 만든 기와로 보인다.

● 기와 말리기
성형한 기와는 모양이 고정되도록 건조창에서 말린다.

● 기와 쪼개기
암키와는 넉 장, 수키와는 두 장으로 쪼갠다.

● 기와 굽기

● 제작 준비
점토·물·땔감 등을 준비하고, 노동력 동원 계획을 세운다.

1

땔감

8

5

6

● 흙 다지기
흙과 물을 일정한 분량으로 배합하여 잘 다진다.

2

● 흙판 만들기
일정한 두께로 흙을 켜켜이 잘라 얇은 판자 모양으로 만든다.

3

제작 실명제의 나라 ● 여기는 다시 미륵사 건축 현장. 기와 전문가인 '와박사'가 기와 가마를 방문했다. 기와 중에서도 지붕 끝에 올리는 막새기와, 용마루를 마감하는 망새기와(44쪽 참조) 등은 그 건물의 인상을 좌우하기 때문에 매우 중요하다.

"와박사님, 서쪽 금당에 올릴 기와들을 찍었습니다. 도장을 찍어 주십시오."

한 장인이 요청하자, 와박사는 오늘 날짜와 '미륵사'라는 글자, 그리고 자신의 이름을 선명하게 새긴 인장(印章)을 꺼낸다. 장인 입장에서는 피를 말리는 순간.

와박사가 꼼꼼히 살펴본 다음 인장을 찍어 주는 기와는 합격품이다. 그러나 그의 도장이 외면한 기와는 제아무리 쓸 만한 것이라고 해도 짖겨지는 운명을 피할 수 없었다.

이렇게 예쁜 걸 어떻게 밟지 ● 기와가 엄격한 심사를 받고 있는 동안 한쪽 가마에서는 장인들이 미륵사 경내의 바닥과 절 안 복도에 깔 벽돌을 굽고 있었다.

무덤이나 건물에 벽돌을 쓰는 것은 오랫동안 중국의 전매 특허처럼 생각되어 왔다. 그러나 백제는 고구려나 신라와 달리 일찌감치 벽돌 굽는 기술을 익혀 이를 건축에 많이 활용했다. 무령왕릉에 쓴 벽돌은 두 조각의 옆면을 합치면 우아한 연꽃 무늬가 드러나도록 만들었다.

미륵사에 쓸 벽돌은 무엇보다 장식 무늬가 일품이었다. 특히 네모 반듯한 벽돌 겉면에 겹겹이 둘러선 산과 나무, 구름을 새긴 산경치 무늬는 원근법을 써서 절벽과 둥근 산봉우리, 흘러가는 구름 등이 기막힌 조화를 이루고 있었다.

백제의 특징인 살찐 연꽃잎을 가운데 두고 주

위에 여덟 개의 불꽃을 오른쪽으로 회전시켜 배치한 불꽃 무늬도 멋지다. 이처럼 박력 있고 기운이 넘쳐서 높은 속도감과 운동감을 주는 무늬는 달리 없다. 또 앞가슴과 어깨가 딱 벌어진 괴짐승 무늬는 눈을 부릅뜨고 이빨을 드러낸 모습이 오히려 해학스럽다.

미륵사 스님들은 이처럼 예쁜 벽돌을 어떻게 발로 밟고 다닐까?

박사라고 불린 기술자들 ● 하루 일을 끝낸 박사들의 얼굴에 어린 넉넉함은 공사가 끝나 가고 있기 때문이기도 하지만, 기술자에 대한 국가의 높은 배려 덕분이기도 하다.

'박사'는 최고의 전문 기술을 가진 사람만이 받을 수 있는 교수직이다. 막새를 비롯한 기와와 벽돌 공예 조각을 전문으로 하는 기술자는 '와

● 연기 구멍

● 가마에 쌓기
말린 기와를 가마에
쌓아 둔다.

백제 기와 가마에서 가마를 굽고
나르는 장면을 복원한 그림이다.
이곳에서 구워 낸 기와와 벽돌은
귀족의 저택이나 공공 건물,
사원 등을 짓는 데 쓰였다.
기와 제작은 고도의 기술이 필요한
일로서, 와박사의 지도 아래 철저한
분업 체제로 이루어졌다.

● 모양 만들기
흙판을 암키와·수키와 틀에
감아서 원통 모양으로 만든다.

▶ 와박사 : 『양직공도』를 토대로 기와 전문가인
와박사의 모습을 재현했다. 박사는 교육을 맡아
보던 관직으로, 기술자를 우대하던 백제에서
와박사는 꽤 높은 신분이었을 것이다.

▲ 와박사가 새긴 벽돌 글자 :
"…士壬辰年作"라는 글자가
새겨져 있는 벽돌.
'와박사가 임진년에
만들었다'는 표시로 보인다.

박사', 탑 위에 장식하는 금속 공예품을 만드는 기술자는 '노반 박사'이다. 절 건설을 전문으로 하는 건축가는 '조사공(造寺工)'과 '사공(寺工)', 불상 조각가는 '조불공(造佛工)', 화가는 '화공(畫工)'이라고 불렸다.

이들은 국내뿐만 아니라 다른 나라에까지 파견되곤 했다. 전설의 장인 아비지는 신라로 초빙되어 가서 황룡사 9층 목탑을 만들었다. 일본에서는 처음으로 백제의 영향에서 벗어나 일본 고유 양식의 석가삼존불상을 만든 사람도 백제인 이민 3세 도리[止利]였다. '도리 양식'이라는 말을 낳은 그 이름은 바로 무령왕의 부인에게 팔찌를 만들어 준 전설의 명장 '다리(多利)'에게서 따온 것이라고 한다.

◉ 백제 기와 특별전

기와는 백제 문화의 성격을 잘 보여 주는 것으로 현재는 대부분 수막새만 남아 있다. 고구려 막새가 힘은 넘치지만 거친 데 비해 백제 수막새는 넘칠 듯 넘치지 않는 긴장감과 풍만함이 특징이다. 무늬 대부분이 여덟 잎으로 된 연꽃이며, 한가운데 연꽃씨가 도드라져 있다. 7세기 이후 왕흥사·미륵사 등에서 '만(卍)'자 무늬 기와나 무늬 없는 기와가 나타나고, 연꽃잎 안에 꽃술이나 인동 잎사귀 무늬가 배치되는 장식도 나타난다.

한성 시대(4세기~5세기 중반)

웅진 시대(5세기 후반~6세기 전반)

사비 시대(6세기 중·후반)

사비 시대(7세기)

광배 : 중심에 연꽃잎을 배치하고 그 주위에 타오르는불꽃 무늬를 새긴 광배 형식은 백제 불상에 특유한 것이다.

본존의 손 : 오른손은 곧게 펴서 모든 중생의 두려움을 없애 준다는 '시무외인'을, 왼손은 넷째와 다섯째 손가락을 구부려 모든 중생의 소원을 들어 준다는 '여원인'의 뜻을 밝히고 있다.

보배 구슬을 받든 보살 : 가녀린 눈매와 천진한 미소로 친근감을 준다. 몸 앞에서 U자 모양으로 드리운 천의 표현은 수나라 양식을 반영한 것이다.

본존 : 중후한 체구에 둥근 맛이 감도는 세련된 조각 기법은 동시대 수나라의 것과 상통하지만, 입을 꼭 다물고 뺨을 팽창시켜 쾌활하게 웃는 표정은 '백제만의 미소'로 알려져 있다.

반가사유상 : 어린애 모양의 보살이 오른쪽 다리를 올리고 몸을 약간 옆으로 튼 대담한 구성을 통하여 부조상의 평면성을 극복하고 있다. 삼존불의 경우 일반적으로 양쪽 보살은 같은 자세로 표현하는 것이 원칙이지만 여기서는 새로운 양식을 취하고 있다.

▲ **서산 마애삼존불** : 충청남도 서산시 운산면 용현리에 있으며, 해뜨는 동쪽을 바라보는 가야산 계곡의 바위면에 조각한 삼존불로 백제 석조 미술의 절정이자 백제 불상의 최고 걸작으로 꼽힌다. 이러한 삼존불은 백제인의 독자적인 창의력이 빚은 작품으로 얼굴 전체에 가득 머금은 미소가 무르익은 백제 문화의 단면을 보여 준다. 6세기 말~7세기 초. 불상 높이 280cm. 국보 84호.

예술 | 백제의 미소

언제부터인가 태안 항구에서 배에 오르는 사람들은 멀리 서산 바닷가 벼랑에 솟아오른 부처와 보살들을 향해 기도를 드리기 시작했다. '당신들의 푸근한 미소처럼 우리가 나아갈 바닷길도 끝까지 평온하도록 보살펴 주소서.'

태안과 당진 항은 산둥 반도와 가까워 일찍이 중국으로 가는 사절이나 상인들이 이용하는 교역항으로 발달한 곳. 공주나 부여에서 중국으로 가는 사신들은 서산 · 예산의 산길을 거쳐 이곳에 이르러 뱃길에 올랐다. 험한 파도와 폭풍이 기다리고 있어 앞날을 기약할 수 없는 바닷길. 백제인의 예술적·종교적 심성이 집약된 이들의 편안하고 넉넉한 미소는 뱃사람들의 불안을 달래기에 충분하고도 남음이 있다.

백제만이 만들 수 있는 미소 ● 벼랑에 새긴 부처라고 해서 '마애삼존불'이라고 불리는 이들의 소박하고 티없이 맑은 웃음은 보는 이를 아늑하고 평화롭게 한다. 누군가의 표현대로 볼이 터질 듯한 미소. 천연의 두꺼운 암벽을 깎아 내려가며 그 안에 숨은 부처를 드러내는 정성과 기술이 창조한 '백제의 미소'이다.

본존 여래를 가운데 두고 한 보살은 서고 다른 한 보살은 두 다리를 포개 앉은 배치도 독특하다. 본존의 얼굴이 가장 두드러져서 높은 돋을새김으로 되어 있으며, 빛이 비치는 각도에 따라 희로애락이 달라진다는 표정도 압권이다. 두 어깨를 가린 가사 안쪽의 속옷 매듭 자락까지 새겨 "과연 백제!"라는 탄성이 절로 나온다.

호랑이에게도 백제의 미소가 ● 백제인의 종교적 심성은 건축과 공예에서만 꽃핀 것이 아니다. 그럼에도 백제의 혼이 깃들어 있다.

고구려와 백제의 고분 벽화를 비교해 보자. 고분 벽화의 나라 고구려 사람들과 피를 나눈 백제인 역시 많은 고분 벽화를 그렸지만 현재 확인되는 것은 두 군데뿐이다. 그 가운데 부여 능산리 고분에 남은 벽화는 고구려 것에 익숙한 우리에게 색다른 벽화 보기의 맛을 제공한다.

이 고분의 네 벽에는 고구려처럼 사신도(四神圖)를, 천장에는 연꽃 무늬와 구름 무늬를 그렸다. 사신도 가운데 가장 선명한 서쪽 벽의 백호는 머리를 위로 바짝 쳐들고 있고 꼬리는 한껏 굽힌 채 역시 위로 뻗었다. 붉은 칠을 해서 튕겨

나올 듯 부릅뜬 눈, 입 언저리로 길게 내민 혀, 가슴에 돋친 구름 무늬 등이 어울려 그 위엄이 대단하다. 이 녀석 때문에 무덤 방에는 어떤 나쁜 기운도 얼씬하지 못할 것만 같다.

그러나 이 백호는 온몸의 털을 바짝 세우고 힘차게 뛰어오르는 고구려의 백호와 달리 머리와 목의 선이 도탑고 둥글둥글하다. 심지어는 붉게 충혈된 눈조차 잘 사귀기만 하면 금방 웃어 줄 것 같다. 이처럼 고구려인이 웅장하고 씩씩한 기상을 불어넣은 대상에 대해 백제인은 특유의 넉넉한 심성을 투영시켰다.

백제 미소의 원천, 미륵 ● 6세기 들어서면서 백제 조각가들은 인체에 대한 지식과 조형적인 이해, 그리고 조각 기술을 발전시켜 우수한 불교 조각 작품과 불상들을 쏟아냈다. 여기서 으뜸가는 조각 대상은 미륵이었다.

미륵은 삼국 시대를 통틀어 민중들에게 가장 친근감을 준 인간적인 존재이다. 훗날 후삼국 시대에 태봉을 세운 승려 궁예가 스스로 미륵이라고 주장한 것처럼, 미륵은 직접 현실 세계로 뛰어들어 민중들의 고통을 구제하는 영웅의 이미지로 널리 퍼져 있었다.

자연히 소삭가들은 자기 시대, 자기 나라의 전형적인 인물상을 '부처' 미륵에 투영했다. 사람들은 벼랑에 새긴 마애삼존불에서, 돌에 새긴

석상에서 미륵을 보고 희망을 보았다. 그리고 이 과정에서 백제인을 닮은 백제적인 미륵 불상이 탄생했다. 신비의 미소를 머금은 채 한쪽 다리를 무릎에 올려 놓고 사색에 잠긴 모습으로 앉아 있는 금동미륵보살반가사유상(사진)이 그것이다. 이 불상은 한쪽 다리를 무릎에 올려놓은 불상 고유의 기본 자세말고는 중국 불상에서 완전히 벗어난 백제 불상이다. 충청남도 공주에서 나온 또 다른 금동미륵보살반가사유상은 고뇌하는 청년 석가의 모습을 부드럽고 온화한 백제인의 얼굴과 결합해 낸 수작이다.

불상은 어떻게 만들었을까 ● 6세기에 백제가 왜에 전한 불상 주조 기술에 따르면, 먼저 밀랍에 송진을 녹여 섞은 반죽으로 원형을 만든다. 흙으로 된 주형 가루에 진흙 물을 섞어 원형에 바른 다음 볕에 말려 불에 구우면, 밀랍은 녹고 흙으로 된 주형이 완성된다. 여기에 금속을 부으면 원하는 불상이 만들어진다('특별전시실' 참조). 백제 기술자들이 이렇게 일본에서 만든 대표작이 비로자나불상(높이 16m, 무게 380톤). 구리 73만 9천 근, 숯 1만 8천 섬, 연인원 217만 명이 동원된 대불이다(55쪽 참조). 이 대불은 밑에서 위로 주조하여 올라가는 방법을 썼으며, 밀랍으로 형틀을 만들어 제품의 섬세하고 부드러운 선이 잘 나타나도록 했다.

▲ **부여 군수리 절터 납석제 불상** : 곱돌 특유의 질감 때문에 표면 처리가 매끄럽고 얼굴과 어깨, 무릎 등 각 신체 부위가 각 없이 둥글게 처리되었다. 백제 문화의 특성인 부드러움을 유감없이 발휘하며 인자한 인상을 준다. 높이 13.5cm. 보물 329호.

▼ **금동미륵보살반가사유상** : 전 공주사지 석탑 안에 있던 불상. 머리에 보관을 쓰고 명상에 잠긴 보살의 모습에서 백제인만의 온화함과 넉넉함을 느낄 수 있다. 높이 16.3cm.

▲ **백호도** : 충청남도 부여군 능산리 고분 서쪽 벽의 벽화. 백호의 허리 윗부분 빈 벽에는 원을 그려 넣고 10개의 작은 반원을 같은 간격으로 돌려놓았다. 원 안에는 두꺼비를 배치하여 달을 표현했는데, 이런 달은 고구려 고분 벽화에는 없는 특이한 형상이다. 널방에 스며든 습기로 백호의 몸통 아래쪽 빛이 바래 아쉬움이 남는다. 한편 동쪽 벽 중앙에는 청룡도가 있다.

ㄱㄹ | 해상 왕국을 꿈꾸며
ㅁㅂ

태안을 떠난 백제 선단(船團)이 중국의 산둥 반도에 도착했다. 한반도 서남해안을 축으로 중국-일본을 잇는 항로는 동아시아 문화 교류의 핵심 통로로, 중국에서는 한나라, 한반도에서는 백제가 개척자 역할을 했다. 이제 백제 사신들은 창안(長安)을 방문한 뒤 다시 이 항로를 따라 일본으로 갈 것이다.

백제는 이 항로를 개척하고 유지하기 위해 많은 희생을 치렀으며, 그 대가로 아시아 국제 문화의 한 축을 형성해 왔다. 수많은 외래 문물이 서역과 중국과 북방으로부터 들어와 백제 문화에 녹아들었고, 이것은 다시 일본과 중국, 동남아시아 등지로 흘러들어가 그곳 문화의 일부가 되었다.

3백 년 걸린 서해 직항로 ● 백령도 부근 초도에서 중국 츠산(赤山)까지는 불과 2백여 km. 백제가 이 거리를 건너 동아시아 국제 관계의 주역으로 나서는 데에는 3백여 년이라는 긴 세월이 걸렸다. 처음에는 중국인이 이 항로를 차지하고 있었기 때문에 고구려 해안을 따라 북상한 후 랴오둥 반도 남단에서 덩저우(登州)로 건너가는 우회로를 택해야 했는데, 여기에는 고구려의 방해가 따랐다.

그러다가 마침내 4세기 근초고왕대에 이르러 백제는 낙랑군·대방군의 중국인을 받아들이고 큰 배를 건조하여 직항로를 개척하기 시작했다. 백제의 수도가 자리잡은 한강 하류 지역은 천혜의 조건을 지닌 해운의 요충지였다. 따라서 일단 시동이 걸린 백제의 해양 진출은 순풍에 돛 단 격이었다.

중국의 랴오시(遼西) 지방에 백제인의 발걸음이 잦아지고, 수많은 백제인이 일본 열도로 건너가 농사 기술을 가르치고 수리 시설을 만들어 주는 등 활약을 시작했다. 일본인도 중국으로 갈 때는 백제의 죽막동에 들러 제사를 지내고 다시 출발했다. 어떻게 3백 년을 기다렸을까 싶을 만큼 백제는 순식간에 강력한 해상 상업 대국으로 탈바꿈했다.

▲ **북위 여래 좌상** : 6세기 후반 군수리 절터 불상의 모델(53쪽 참조)이 된 작품이다. 북위는 남북조 시대를 연 북조의 첫 왕조이다. 백제가 중국 남조뿐 아니라 북조와도 활발한 교류를 했음을 알 수 있다.

▲ **백제의 고구려 무덤** : 서울 송파구 석촌동 일대에 남아 있는 백제 고분군 중 3호분. 동서 50.8m, 남북 48.4m에 이른다. 기존의 토착 무덤인 움무덤 대신 만주 지안시에 있는 장군총과 같은 돌무지무덤(적석총)을 채택했다. 백제의 건국 세력이 고구려계의 이주민 집단이라는 사실을 말해 준다.

▲ **청자 항아리와 양 모양 청자** : 항아리는 충청남도 천안시 화성리 출토. 높이 37.7cm. 양은 강원도 원주 법천리 출토. 높이 12.4cm. 백제 중앙과 지방의 상류층은 부와 명예를 과시하는 수단으로 중국 남조에서 만든 물건을 사용했다. 이 청자들은 한성 백제 시대 지방의 유력자가 중앙에 복속한 대가로 하사받은 것 같다.

랴오시(遼西)

북조

비사

덩저우(登州)

산둥반도

서해 항로 : 백제는 처음에 해안선을 따라 북상하여 중국과 교역했고, 4세기에 서해 직항로를 개척했다. 한강 유역을 상실한 5세기 후반부터는 중국 남조와 교섭하기 위해 서해를 남으로 가로지르는 위험한 항로를 택하지 않을 수 없었다.

남조

양저우(揚州)

▲ **국제적인 제사 터** : 전라북도 부안군 죽막동은 중요한 해상 교통로에 자리잡고 있다. 이곳 제사 터에서 경상남도 합천군 대가야의 유물이 대거 발굴된 것은 백제와의 선린 관계를 바탕으로 대가야가 서해 항로를 이용했기 때문이다. 이처럼 죽막동은 가야·일본 등이 중국과 교섭할 때 항해의 안전을 기리던 제사 터로 활용되었다.

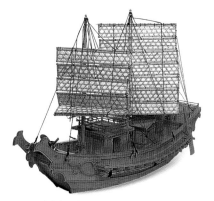

▲ **당나라로 가는 배** : 외교 사절과 유학생, 유학승을 싣고 일본과 당나라 사이를 오가던 당시 선박을 추정하여 복원한 모습. 일본의 조선술에 영향을 미친 백제의 선박도 이와 비슷한 형태였을 것이다.

중국 해안은 백제의 식민지? ● 475년 한강 유역을 빼앗기면서 해상 왕국 백제는 위기를 맞았다. 그러나 개척자 백제가 이에 굴하랴! 무령왕과 성왕은 서해를 남으로 가로지르는 위험한 항로를 개척해 중국 남조(양·송·남제)와 교섭을 이어갔다. 무령왕은 중국식 벽돌 무덤에 중국산 껴묻거리를 쓰고 일본산 금송으로 널을 짤 만큼 국제적인 감각을 갖춘 군주였다.

이러한 새 항로에 힘입어 6세기 초·중엽의 백제는 일본 진출에 더욱 박차를 가했다. 웅진 시대 이후에는 유학과 불교가 발전하면서 왕인·아직기 같은 수많은 백제인이 남해를 건너

일본 문화의 스승으로 자리잡았다.

한편 백제가 중국 랴오시 지방에 '요서군(遼西郡)'을 설치하고 전략적인 해안 식민지를 건설했다는 설도 있다. 그러나 4세기 이후 황해도 지방을 놓고 고구려와 대립하던 백제가 선비족 연나라 땅이던 랴오시를 지배했다고 보기는 어렵다. 단, 당시 백제의 활발한 해양 활동으로 볼 때 그곳에 무역 거점을 설치했을 수는 있다.

신라가 한강으로 진출한 이후인 수·당 시대에도 백제는 서해 항로를 잃지 않았다. 곡창 지대의 개척자인 백제인은 서해의 개척자로서도 그 명성을 영원히 간직할 것이다.

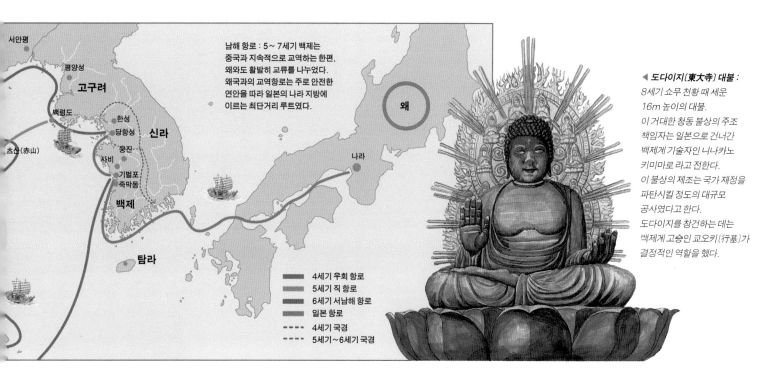

남해 항로 : 5~7세기 백제는 중국과 지속적으로 교역하는 한편, 왜와도 활발히 교류를 나누었다. 왜국과의 교역항로로는 주로 안전한 연안을 따라 일본의 나라 지방에 이르는 최단거리 루트였다.

서안평
평양성
고구려
백령도
초산(赤山)
한성
당항성
신라
웅진
사비
기벌포
죽막동
백제
탐라
왜
나라

■ 4세기 우회 항로
■ 5세기 직 항로
■ 6세기 서남해 항로
■ 일본 항로
---- 4세기 국경
---- 5세기~6세기 국경

◀ **도다이지(東大寺) 대불** : 8세기 쇼무 천황 때 세운 16m 높이의 대불. 이 거대한 청동 불상의 주조 책임자는 일본으로 건너간 백제계 기술자인 니니카노 키미마로 라고 전한다. 이 불상의 제조는 국가 재정을 파탄시킬 정도의 대규모 공사였다고 한다. 도다이지를 창건하는 데는 백제계 고승인 교오키(行基)가 결정적인 역할을 했다.

▲ **무령왕릉** : 꽃무늬를 새긴 벽돌로 아치형 무덤을 쌓고 그 안에 중국 도자기와 거울 등을 넣었다. 이것은 전형적인 중국 남조의 무덤 양식이다. 무령왕 때 백제가 중국 남조의 송·제·양나라에 사신을 보내고 책봉을 받는 등 활발한 대외 교류를 통해 국가적 부흥을 꾀하려 했던 사실을 잘 보여 준다.

⊙ 삼국간 교류와 언어

6세기 중반 백제 위덕왕이 군사를 이끌고 고구려를 공격할 때 고구려 장수가 와서 이름과 벼슬 등을 묻자, 위덕왕은 대답했다. "성은 당신네와 같고 관등은 간솔이며 나이는 29세이다." 여기서 성이 같다는 것은 두 나라 왕실이 같은 부여족 출신이라는 뜻이며, 따라서 두 사람은 말이 통했을 가능성이 높다. 백제 농부 도미와 그의 아내는 개루왕의 학정을 피해 고구려 땅에 가서 살았는데, 말이 통했기 때문에 그들의 고구려 생활은 큰 어려움이 없었을 것이라고 한다.
『삼국사기』에는 도미 부부처럼 재해나 탄압을 피해 다른 나라로 이동해 가는 삼국민의 사례가 종종 보인다. 이는 언어의 장벽이 없었거나 있었다 하더라도 극복할 정도의 수준이었음을 시사한다. 서동과 선화 공주의 혼인이 사실이라면 서동은 신라 말을 특별히 공부하지 않았을 텐데 어떻게 신라 땅에 가서 신라 말로 노래를 퍼뜨렸을까? 고구려 승려 혜량과 신라인 거칠부는 어떻게 그리 쉽게 의사를 교환했을까? 고구려·백제·신라인의 기호나 정서, 취미 등은 그다지 차이가 없었다. 단정할 수는 없지만 언어 소통의 경우도 별 어려움은 없었을 것이다.

일본 속의 백제 문화

일본의 국보인 호류지 의 '쿠다라 관음 보살상'.
여기서 '쿠다라(くだら)'는 '백제(百濟)'를 표기하는 일본말이다.
일본에는 쿠다라 관음뿐 아니라 쿠다라지(百濟寺)라는 절, 쿠다라(百濟)라는 지명 등
곳곳에 '쿠다라', 곧 백제의 자취가 어려 있다. 왜 이렇게 된 것일까?
백제인은 일찍부터 벼농사 기술과 철 제품을 일본에 전해 주었고,
해상 무역권을 장악한 4세기부터는 한학, 유교, 불교, 천문, 음악, 미술, 의학, 건축술
등에 이르는 모든 부문에서 일본 문화의 씨를 뿌리고 꽃을 피우게 하였다.
이처럼 당시 백제는 단연 문화 대국이었고, 고대 일본에 엄청난 '문화적 충격'을
주면서 일본 문화의 스승으로 많은 자취를 남기게 된 것이다.

▲ **일본의 백제역** : 일본 오사카 히가시스미요시(東住吉)구에
자리한 '백제역' 표시판. 백제역은 지금 화물역으로 남아 있지만,
일본 열도 곳곳에서 지명을 통해 백제인의 숨결을
느끼는 것은 어렵지 않다.

백 제 사 신 과 일 본 사 신

중국 양나라를 방문했던 여러 나라 사신들의 모습을 그림으로 묘사하고 간단한 설명을 덧붙인 『양직공도』의
일부('백제실' 37쪽 참조). 백제 사신(왼쪽에 서 있는 사람)에 관한 설명 중에는 "백제가 중국 요서 지방의 진
평현을 차지했다"는 기록과 웅진 시대에 지방의 22담로에 왕족을 파견했다는 기록이 포함되어 학계의 주목을
끌었다. 품위 있는 백제 사신의 모습에 비해 왜 사신(오른쪽에 서 있는 사람)은 맨발의 초라한 모습이어서 대조
를 이룬다. 그러나 왜국 사신을 그리고 기록한 부분은 '탕창국'이라는 나라의 사신을 다룬 부분과 뒤섞여 합쳐
진 채 후대에 전하기 때문에 그대로 믿을 수는 없다.

일 본 의 국 보 미 륵 보 살 반 가 상

고류지〔廣隆寺〕영보전에 봉안되어 있는 나무 불상. 높이 123.5cm. 가늘게 뜬 눈과 입가의 미소, 손가
락 마디마디에 이르기까지 섬세하고 매끄럽게 조각되어 보는 이로 하여금 찬탄을 자아내게 한다. 말로
는 이루 다 표현할 수 없는 깊고 신비한 느낌의 이 불상은 우리 나라 국보 83호인 금동미륵보살반가상과 쌍
둥이처럼 닮았다. 그래서 이 불상 역시 한반도에서 제작되었을 가능성이 제기되고 있다. 실제로 이 미륵보살
반가상의 원료인 적송(赤松)은 일본 열도에서 자생하지 않을 뿐 아니라 그 조각 형태가 삼국 시대 반가사유상
의 양식과 비슷하다. 현재의 얼굴 모습은 나중에 더 예리하게 깎은 것으로 본래 모습에는 백제적인 넉넉함이
더 많이 배어 있다.

칠지도 (七支刀)

이소노카미 신궁에 보물로 간직된 칠지도는 근초고왕이 왜왕에게 내려준 것이다. "이전에는 이런 칼이 없었는데 백제 왕의 어진 지시를 받들어 왜왕에게 만들어 주노라"는 글이 표면에 새겨져 있다. 당시 일본은 철기 문화 수준이 낮았기 때문에 이처럼 백제의 철기 문화에 크게 의존하고 있었다. 백제로 온 왜의 사신이 돌아갈 때 철정(철판) 40장을 받았고, 그 후에도 백제가 칼과 거울을 왜에 보냈다는 기록이 있다. 일본은 철을 매개로 한 백제의 세력권 안에 들어 있었다.

옥충주자 (玉蟲廚子)

'옥충'은 '비단벌레'를 뜻하고 '주자'는 불상을 넣어 두는 함을 말한다. 투조무늬 장식 바탕에 비단벌레 2563마리의 금녹색 날개를 잘라서 세공한 목공예의 정수이다. 받침대 위에 절간 모형을 올려 놓고 그 위에 다시 지붕을 얹었다. 기와, 막새, 두공에 이르기까지 세부 묘사가 놀랍다. 함과 받침대에는 옻을 칠하고 불교 전설과 관련한 여러 가지 그림과 넝쿨 무늬들을 그렸다. 비단벌레의 금녹색 날개를 활용하는 수법은 고구려의 투조 장식과 신라 금관에서도 볼 수 있는 삼국의 공통적인 공예 장식 수법의 하나로서 삼국의 독창적인 장식 예술이다.

▲ **호류지** : 일본 쇼토쿠 태자가 부왕인 요메이 천황의 명복을 기리기 위해 607년에 건립한 일본 아스카 문화의 정수. 일본으로 건너간 백제 장인들이 중심이 되어 지은 이 절은 670년에 화재로 불타 없어졌다가 8세기에 재건되었다.
면적 18만 7천㎡. 이 절의 금당은 세계에서 가장 오래된 목조 건물로서 이중 기단 위에 서 있는 모습이 간결하며 장중한 분위기를 연출한다.
특히 호류지 5층 목탑은 충청남도 부여의 정림사지 5층 석탑과 재질·규모는 다르지만 구성과 수법이 비슷하다. 똑같이 고려자를 척도로 해서 건축했고 각 층의 높이와 너비의 비례가 모두 같은 것으로 알려졌다. 한편 서원 한복판의 금당에 있는 석가삼존상은 백제 이민 3세 도리가 지었다고 하고, 금당 벽화는 고구려인 담징이 그렸다고 전해진다.

쇼 토 쿠 태 자 초 상 화

백제 위덕왕(창왕)의 아들인 아좌 태자는 6세기 말경 일본에 건너가 머무르면서 백제 왕위에는 오르지 않았다. 그는 597년 높이 1m, 너비 53.6cm의 종이에 일본 아스카 문화를 꽃피운 쇼토쿠 태자의 모습을 그렸다고 전해진다. 이 그림은 얼마 전까지만 해도 1만 엔권 일본 지폐에 들어 있을 정도로 유명했다. 양옆에 몸집이 작게 묘사된 왕자를 데리고 있는 쇼토쿠 태자의 모습에는 섬세한 필치와 담백한 색채, 인물 묘사 등 백제 회화의 특징들이 잘 나타나 있다.

▲ 금동대향로와 함께 발견된 사리감
능산리 절터에서 대향로와 함께
발견된 사리감(사리함을 두는 곳).
567년 위덕왕(창왕)의 누이가 만들었다고 적혀 있다.
위덕왕의 아버지인 성왕이 신라와의 전투에서 패하여
비참하게 살해당하자, 위덕왕은 아버지를
위로하기 위해서 출가하려고 했을 만큼 (『일본서기』)
불심과 효심이 극진했다. 따라서 금동대향로도
사리감과 함께 위덕왕 때 만들어졌다면,
이는 아버지 성왕의 제사에 사용하기 위해 심혈을
기울여 만든 작품일 가능성이 높다.

명 품 에 새 긴 백 제 인 의 이 상 세 계

백제금동대향로

이름_백제금동대향로 / 별명_백제 문화의 꽃 또는 정수(精髓) / 출생지_충청남도 부여군 능산리 절
출생일_600년경 어느 날 / 사망지_위와 같음 / 사망 일시_아무도 모름 / 사망 원인_전쟁이나 화재로 매몰?

1993년, 이 잠자던 진흙 속의 '미인'은 1400년의 최면에서 깨어나 화려하게 부활했다. 부활의 키스를 전한
'왕자'는 국립부여박물관 발굴단. 향로의 부활과 더불어 신비의 고대 국가 백제도 한 꺼풀 베일을 벗었다.
백제금동대향로의 부활은 어떤 점에서 이처럼 주목의 대상이 되는 것일까?
향로 아랫단의 용은 뚫어서 형태를 표현한 투조, 향로의 몸통은 반입체인 부조, 맨 위의 새는 완전 입체인
환조. 이처럼 백제 장인들은 조각의 모든 기법을 완벽하게 소화하여 아무리 보아도 싫증나지 않는 미를
창조했다. 날아오르는 새, 유려한 몸통, 그리고 용의 기백……. 이들이 이루는 조화는 감각적인 아름다움을
넘어 지고의 예술적인 '감동'을 준다. 형태적 아름다움 이상의 내면적인 깊이가 있기 때문이다.
대향로에는 백제인의 정신 세계가 숨쉬고 있다. 신선들과 신기한 동물들이 산다는 선경(仙境)이 표현된
뚜껑 부분은 백제인이 꿈꾼 이상 세계이다. 이곳을 박산이라고도 하고 수미산이나 봉래산이라고도 부른다.
이름이야 아무러면 어떠랴. 아랫부분은 그러한 이상 세계가 생성되는 원리를 담았다. 용의 입김에서 연꽃이
피어나고, 그 연꽃에서 박산이 생성된다. 이런 생명의 운동은 음양오행 사상에 따라 일어난다.
용과 새는 물과 태양, 곧 '음'과 '양'을 상징한다. 연꽃과 박산은 각각 5단으로 구성되고,
악사와 기러기도 다섯씩이다. 이것이 5행이다. 이처럼 심오한 철학적 함의를 품은 대향로는
시공을 초월하여 많은 사람들에게 깊은 감동을 불러일으키고 있다.

고대인의 생명 탄생관
─화생(化生)·연화화생(蓮花化生)

신성하고 완전한 생명의 탄생은 초자연적인 방법으로 이루어진다는 것이
고대인의 믿음이었다. 이러한 상서롭고 조화로운 탄생을 '화생'이라고 한다.
화생 관념은 특히 불교 사상과 깊은 관계가 있다. 불교에서는 이상 세계인
극락 정토에서는 모든 존재가 오로지 연꽃을 통하여
탄생한다고 믿는다. 연꽃을 통한 화생(연화화생)
은 가장 널리 믿어진 화생 관념으로서 금동대향로
에도 나타나 있다.
　이러한 화생 관념은 삼국 시대뿐만 아니라 이
후로도 오랫동안 존재하여 조선 시대 민화에도
엿보인다. 오른쪽 그림은 고구려 고분인 중국
지린성 장천 1호분(5세기)에 표현된 연화화생
장면이다. 연꽃잎 속에서 남녀인 듯한 한 쌍의
아기 얼굴이 피어나는 모습이 앙증맞다.

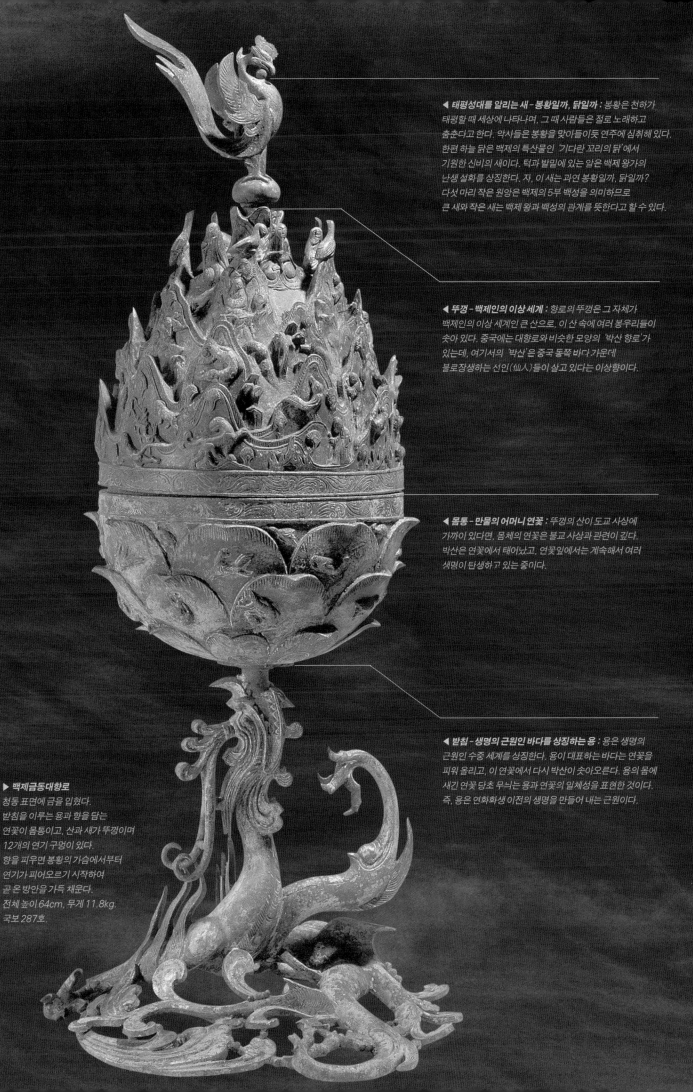

◀ 태평성대를 알리는 새 – 봉황일까, 닭일까 : 봉황은 천하가
태평할 때 세상에 나타나며, 그 때 사람들은 절로 노래하고
춤춘다고 한다. 악사들은 봉황을 맞아들이듯 연주에 심취해 있다.
한편 하늘 닭은 백제의 특산물인 '기다란 꼬리의 닭'에서
기원한 신비의 새이다. 턱과 발밑에 있는 알은 백제 왕가의
난생 설화를 상징한다. 자, 이 새는 과연 봉황일까, 닭일까?
다섯 마리 작은 원앙은 백제의 5부 백성을 의미하므로
큰 새와 작은 새는 백제 왕과 백성의 관계를 뜻한다고 할 수 있다.

◀ 뚜껑 – 백제인의 이상 세계 : 향로의 뚜껑은 그 자체가
백제인의 이상 세계인 큰 산으로, 이 산 속에 여러 봉우리들이
솟아 있다. 중국에는 대향로와 비슷한 모양의 '박산 향로'가
있는데, 여기서의 '박산'은 중국 동쪽 바다 가운데
불로장생하는 선인(仙人)들이 살고 있다는 이상향이다.

◀ 몸통 – 만물의 어머니 연꽃 : 뚜껑의 산이 도교 사상에
가까이 있다면, 몸체의 연꽃은 불교 사상과 관련이 깊다.
박산은 연꽃에서 태어났고, 연꽃잎에서는 계속해서 여러
생명이 탄생하고 있는 중이다.

◀ 받침 – 생명의 근원인 바다를 상징하는 용 : 용은 생명의
근원인 수중 세계를 상징한다. 용이 대표하는 바다는 연꽃을
피워 올리고, 이 연꽃에서 다시 박산이 솟아오른다. 용의 몸에
새긴 연꽃 당초 무늬는 용과 연꽃의 일체성을 표현한 것이다.
즉, 용은 연화화생 이전의 생명을 만들어 내는 근원이다.

▶ 백제금동대향로
청동 표면에 금을 입혔다.
받침을 이루는 용과 향을 담는
연꽃이 몸통이고, 산과 새가 뚜껑이며
12개의 연기 구멍이 있다.
향을 피우면 봉황의 가슴에서부터
연기가 피어오르기 시작하여
곧 온 방안을 가득 채운다.
전체 높이 64cm, 무게 11.8kg.
국보 287호.

이상 세계의 이미지

하늘에서 들려 오는 음악 소리 ● 음악은 하늘과 땅을 이어 주는 조화의 소리이다. 그런데 백제의 이상향에 앉아서 이처럼 하늘의 음악을 연주하는 악사들의 모습을 찬찬히 보면, 그들이 노회한 선인(仙人)이 아닌 동그란 얼굴의 앳된 소녀라는 점에 놀라게 된다. 소녀들이 옷을 갖추어 입고 머리를 땋아 귀 뒤로 넘기고 악기를 연주하면, 백제인은 경건한 마음으로 제사를 지냈던 것 같다. 금동대향로는 바로 그 제사를 받들 때 향을 피우는 도구였을 것이다.

소녀 악사들이 들고 있는 악기 가운데 퉁소, 북, 거문고는 『수서』 동이전 백제조에 보이는 백제의 전통 악기이다. 백제인은 가무를 좋아했으며 백제 음악은 수나라와 당나라의 궁중에서도 백제 악사들에 의해 연주될 만큼 잘 알려져 있었다.

하늘과 인간을 이어 주는 산 ● 산은 모두 5단이고, 각 단에 봉우리가 다섯개씩 있으니 모두 25봉우리이다. 큰 산과 연결되는 작은 봉우리는 모두 49개이다. 고대부터 산은 하늘과 교통하는 곳, 신이 사는 곳으로 여겨 숭배의 대상이며 별천지였다. 능선 테두리를 빗금으로 처리한 것은 신령스러운 기운을 보여 주기 위해서이다. 이 산에는 옆모습을 보여 주는데, 고구려 벽화의 표현법과도 동일한 이 방식은 사물을 보다 생동감 있고 뚜렷하게 나타내 준다.

이상 세계의 주민들 ● 뚜껑에 17명, 몸통의 연꽃에 2명 있다. 그들의 동작이나 표정은 세속을 떠난 분위기를 연출한다. 짐승을 부르는 듯한 선인, 낚시하는 선인, 머리를 숙이고 허리를 구부려 나무를 잡는 선인, 지팡이를 짚고 있는 등이 굽은 선인, 팔짱을 끼고 명상을 하는 듯한 선인⋯⋯. 이들의 모습은 당시 백제인의 생활 풍속을 엿보게 해준다. 춤추는 듯한 선인의 동작에서는 전통 무예의 품새, 말을 타거나 수렵하는 선인의 모습에서는 사냥 장면을 연상할 수 있다.

선인들이 대개 원숙한 노인으로 나타나는 것도 재미있다. 등이 굽어 나무나 지팡이에 의지해야 하는 선인이나 머리가 빠진 선인은 영락없이 우리 주변에서 쉽게 만날 수 있는 노인의 모습이다.

이상 세계의 동식물원 ● 금동대향로에는 용과 봉황을 비롯한 동물들이 모두 84마리 있다. 뚜껑에 56마리, 몸통에 26마리가 있고 꼭대기에 새, 대좌에 용이 도사리고 있다. 이들은 모두 상서롭고 길한 존재로 신선의 동반자나 추종자로 보인다. 대향로에 보이는 사람 얼굴을 한 새는 천 년을 산다는 전설의 주인공으로 장수를 상징한다.

▲ *금동대향로 파노라마* : 금동대향로의 뚜껑 부분을 360˚ 돌아가며 촬영한 뒤 펼친 사진. 윗부분에 약간의 왜곡이 있지만 산 속 물상들의 상호 관계를 잘 보여 준다. 인물과 동물이 대부분 왼쪽을 향해 있는 옆모습을 보여 주는 점이 흥미롭다.

생각하는 원숭이 : 긴꼬리원숭이를 닮았지만 신통한 상상의 짐승이다. 기어다니다가 사람같이 달리기도 하여 이것을 먹으면 달음박질을 잘하게 된다고 한다.

▼ *연화화생 파노라마* : 향로의 몸통을 360˚ 촬영하여 펼친 사진. 주제는 연화화생. 곧 연꽃에서 복받은 새 생명이 탄생할 때 연꽃은 불꽃 같은 기운을 발산한다. 윗부분에 두 줄로 새긴 무늬는 이 같은 불꽃을 표현한다. 금동대향로는 그 자체가 연화화생의 상징이다.

금동대향로는 어떻게 만들었을까

대향로 제작에는 가장 정밀한 금속 주조법인 밀랍법이나 실랍법을 채택했다. 이 방법의 장점은 벌집과 특수 배합된 흙을 이용하여 복잡한 모양과 정교한 무늬까지 표현할 수 있다는 것이다. 반면, 한 번에 하나의 작품밖에 만들 수 없다는 단점도 있다. 공예 전문가들은 이 명품의 제작 기간이 구상 단계를 빼고도 몇 년은 걸렸을 것으로 추정한다. 그리고 작업도 한 명이 아니라 각 분야의 뛰어난 장인들이 공동으로 진행했을 것으로 본다. 이렇듯 백제금동대향로는 당대의 사상과 기술력이 집약된 예술품이다. 설계, 무늬의 조각, 거푸집 제작, 합금과 주조, 도금의 단계를 거치는 백제금동대향로 제작 과정에 참여해 보자.

백제금동대향로에는 산과 인물, 동물, 식물 등 1백여 개의 섬세한 무늬가 조각되어 있다. 이 무늬들은 바탕에 그대로 새기거나 따로 조각하여 몸통에 결합시켰다. 밀랍은 부드러워 정밀한 표현이 쉽고 붙임성이 좋아서 몸통에 밀착시킬 수 있다.

도 안 작 업

향로 제작에서 가장 심혈을 기울인 부분은 향로의 디자인이었을 것이다. 당대의 사상가와 장인이 망라된 제작진은 역대 향로를 모델로 삼으면서도 백제적인 특성을 살려 내고자 머리를 맞대었을 것이다. 이런 고민 끝에 백제금동대향로는 중국 향로에서 찾아볼 수 없는 독창성과 조형미를 지니게 되었다.

원 본 제 작

향로의 설계도는 백제 최고 수준의 조각가에게 건네졌다. 그는 벌집과 송진을 잘 섞어 다진 다음 그 위에 여러 가지 기법으로 향로의 형태를 만들어 갔다. 우선 맨 아래의 용은 투조법으로 형태를 만들고, 몸체는 반입체인 부조로 새기며, 맨 위의 새는 완전 입체인 환조로 조각하였다. 아주 섬세하고 작은 무늬들은 하나하나 조각한 다음 붙였다. 이 작업은 몇 달 걸리는 기나긴 공정을 거쳤을 것이다.

열이 식은 거푸집을 망치로 깨면 청동
향로가 모습을 드러낸다. 그러나 주물로는
얼굴 표정과 같은 섬세한 부분이
만족스럽게 나타나지 않으므로 조각가는
끌과 정으로 다시 마지막 손질을 해야
한다. 그리고 쇳물 주입구와 같이
불필요한 부분은 제거한다.

거 푸 집 만 들 기

향로의 완전한 형태가 만들어지면 이제 거푸집 제작에 들어간다. 기본 재료는 진
흙. 그런데 원본에다 특수 배합된 흙을 바르는 일이 그렇게 간단하지가 않다. 원본
의 섬세한 무늬를 그대로 표현하려면 우선 붓으로 고운 진흙을 꼼꼼히 발라야 한
다. 그리고 모래를 섞어 거칠지만 내구성이 좋은 진흙을 그 위에 여러 번 덧칠해서
거푸집을 두껍고 단단하게 만들어야 한다. 또 거푸집을 가열할 때 원본의 밀랍이
녹아서 흘러나갈 구멍과 쇳물이 흘러들어갈 길도 미리 만들어 두어야 한다.

거푸집을 가마에 넣고 가열을 하면
어떻게 될까?
밀랍은 자연히 불에 녹아 없어져
버린다. 밀랍이 사라진 자리에는
완성될 향로 모양 그대로의
진흙 거푸집이 남는데
그 거푸집에 쇳물을 붓는다.
쇳물을 붓기 전에 이 거푸집을
가마에 넣고 굽는다.
그러면 거푸집의 소재인
진흙이 질그릇처럼
단단해져서 쇳물을 넣어도
잘 견딜 것이기 때문이다.

쇳 물 붓 기

금동향로의 기본 재료는 청동이다. 청동은 구리와 주석의 합금이다. 이 비율을 결
정하는 것은 숙련된 합금 기술자들이었을 것이다. 그들은 단단하여 깨지지 않으면
서도 무늬가 잘 표현되는 소재를 만들기에 적합한 비율로 재료들을 배합하여 청동
쇳물을 만들었다. 이 쇳물을 거푸집에 부을 때는 노련한 기술이 필요하다. 향로에
기포가 생기거나 흠집이 생기지 않도록 해야 하기 때문이다.

금 도 금

금가루와 수은을 섞은 후 한지로 거른다. 그 액이 곧 도금 재료이다. 이 액을 돼지털 붓에 묻혀 향로 표면에 잘 바른다. 이때 붓으로 잘 칠할 수 없는 부분은 손으로 문질러서 골고루 바른다. 그런 다음 가열하면 수은은 날아가고 금만 표면에 남는다. 이 때 광쇠로 표면을 문지르면 금이 표면에 밀착되면서 아름다운 광택이 난다.

* 주의! 수은은 독극물. 사람이 멀리 떨어진 곳에서 가열할 것.

향 피 우 기

오랜 시간이 걸려서 완성된 향로는 사람들의 가슴을 설레게 했을 것이다. 이미 제작 과정에서 향로가 향을 제대로 피우는지 충분한 검증을 거쳤지만, 이제 완성품을 놓고 고위 관리들이 참석한 가운데 향을 피우는 행사를 가진다. 고생한 장인들과 관리 모두 경건한 마음으로 명품의 탄생을 축하한다.

백제의 장인이 되어

1400년 전의 금동대향로 모형과 2002년의 FIFA 월드컵 모형. 고대와 초현대의 금속 공예품이 5평 남짓한 허름한 작업실에서 공존하고 있다. 두 가지 모두 현대 한국의 대표적인 공예가의 한 사람인 조백의 작품이다. 21세기를 사는 그는 어떻게 백제라는 아득한 과거 속으로 들어가 금동대향로와 씨름하면서 희열을 느끼게 되었을까?

"금동대향로가 발견된 직후 국립중앙박물관에서 이 유물을 가지고 특별전을 한다기에 가봤습니다. 그런데 왠지 낯설지 않더군요. 왜, 좋은 음악 들었을 때 전율이 오잖아요? 그런 것처럼 대향로를 보는 순간 제 몸이 부르르 떨렸습니다. '제 손으로 저 명품을 다시 만들어 보고 싶다'는 충동이 일어난 거죠.

바로 그 물건 옆에 터잡고 앉아서 복제 작업을 시작했습니다. 보존 처리 중이었으므로 아크릴 박스 속에 들어 있는 것을 보고 작업할 수밖에 없었죠. 당연히 치수 같은 것을 점검하는 데 애를 먹었고, 가까이에서 보지 못하고 떨어져서 작업하는 게 보통 일이 아니었습니다. 그렇게 꼬박 3개월을 했어요.

그때는 정말이지 백제로 돌아가서 살았습니다. 옆에 지나가는 차들이 말 타고 지나다니는 백제인으로 보이더군요. 제대로 하려면 이건 당연한 일이었지요. 거문고를 타는 조각상을 새기려면 그 표정을 나타내기 위해 그 시대로 가봐야 합니다. 5음계 중 어떤 음을 듣고 대향로에 표현된 그런 희열을 느끼고 있을까, 그런 기분까지도 표현을 해내야 하거든요. 그렇게 백제인의 감각을 가지고 백제인의 이미지를 머리 속에 두고 조각해 들어가니까 시간 가는 줄을 몰랐습니다.

그런데, 해놓고 보니까 젊은 사람의 작품이 된 것 같더군요. 남들은 비슷하다고 하는데 저는 성에 안 차요. 원본을 만든 사람은 노인이었을 텐데 저는 젊은 사람이기 때문에 감각이 다른 거죠.

대향로를 조각하고 보니 '우리 문화는 참 대단하다, 뭔가 파고들자' 하는 생각이 들더군요. 그래서 동국대 문화재 대학원을 갔어요. 저도 젊었을 때는 상당히 외국 것을 동경했는데, 우리 나라 도안을 보면서 시야가 상당히 넓어지더라구요. 옛날 조상들은 도안 하나하나 할 때 감각적으로 표현하기보다 이념적으로 사고했기 때문에 꼭 뜻이 담겨 있어요.

중국 후한 때 박산 향로를 많이 만들었죠. 그런데 백제금동대향로는 이것들보다 조형미가 더 뛰어납니다. 이런 걸 1400년 전에 만들었다는 것은 서양 사람들 입장에서 볼 때 대단한 겁니다. 그런데 우리는 그런 걸 만들지 않고 있어요. 전통은 서양에서 알아주지 않아서 죽는 게 아니라 우리 스스로 버릴 때 죽는 겁니다. 우리가 가진 문화 DNA를 발휘하여 그 전통을 살려야 해요. 그래서 경제적인 풍요뿐 아니라 우수한 문화 유산도 후손에게 물려줘야 합니다."

금속공예가 _ 조 백

1956년생.
홍익대학교 공예과 졸업.
동국대학교 문화재 대학원 졸업.
올림픽, 월드컵 회장 디자인 사업.
전쟁기념관 수호상 조각.
백제금동대향로 최초 복각.

백 제 생 활 관

전시 PART 2

이곳에서는 백제 시대 생활사와 관련된 여러 가지 주제들을 다양한 장치와
깊이 있는 해설을 통해 새롭게 이해할 수 있습니다.
'가상체험실'에서는 백제 중흥의 기수였던 무령왕의 무덤을 발굴하는 역사적
인 작업에 참여하여 1400년의 세월 저편에 있는 백제인을 만나는 신비로운
체험을 할 수 있습니다.
'특강실'에서는 백제 생활사를 이해하는 데 빠져서는 안 될 두 가지 주제,
곧 한성 백제 500년의 문제와 '백제의 요람'이었던 마한 사회의 문제를 쉽고
재미있는 강의를 통해 풀어 줍니다.
'국제실'에서는 백제인이 살았던 7세기까지 인류가 이룩한 생활 수준의
이모저모를 알기 쉬운 도표와 사진을 통해 정리해 줍니다.

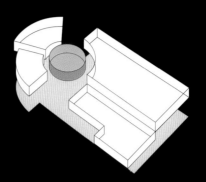
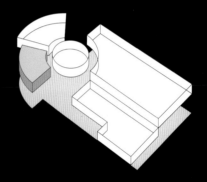
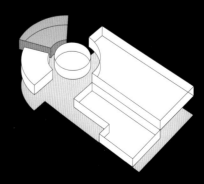

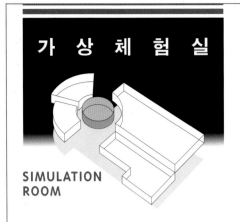

가 상 체 험 실

SIMULATION
ROOM

발굴은 오늘의 사람과 옛날의 사람이 시간을 초월하여 만나는 장이다. 우리는 깨진 기와 한 장, 그릇 한 점의 발굴을 통해서도 그것을 지붕에 얹고 그 속에 밥을 담아 먹던 사람들을 만난다. 하물며 갖은 정성과 문화적 역량을 쏟아 부은 왕릉의 발굴임에랴. 그것은 그야말로 옛사람과 현대인의, 사상과 문화와 정서를 아우른 전면적인 만남일 것이다. 그러면 이러한 만남은 어떻게 이루어지는가? 세월 이편과 저편에서 그 만남을 향해 한 발짝씩 다가가는 심경은 어떤 것일까? '20세기 한국 최대의 발굴'이라는 무령왕릉 발굴의 현장에서 그 만남을 체험해 보자.

무령왕릉의 과거와 현재
― 1400년의 세월을 사이에 두고 ―

초여름 햇살이 따가운 6월 어느 날, 충청남도 공주시 서북방 송산 남쪽 기슭. 늘어선 무덤들 사이로 1400여 년 세월의 저편과 이편을 두 사내가 거닐고 있다. 세월 저편 523년의 사내는 백제 조정의 총리격인 내신좌평, 세월 이편 1971년의 사내는 국립박물관 공주분관장 김영배. 한 사람은 흘러간 한 세월을 이끌던 고대 국가의 최고위 관리이며, 한 사람은 흘러간 세월의 자취를 연구하는 고고학자이다. 그들은 같은 장소의 다른 시간 속에서 무엇을 하고 있는 것일까? 두 사람의 독백을 살짝 들어 보자.

―또 한 분의 군주가 이곳에 영면하시겠구나. 곧 대묘의 위치와 형식을 논의해야 하리라.

―곧 장마가 시작될 텐데, 아무래도 5·6호분에 빗물이 스며들 것 같아. 문화재관리국에 배수로 공사를 건의해야겠어.

523년 5월 7일 (음) ● 밤

공산성의 문이 열리고 22기(騎)의 병사가 쏜살같이 달려나간다. 22담로로 가는 부고 전령 ― 백제 25대 왕 사마가 세상을 떠난 것이다. 향년 62세. 왜의 작은 섬 가카라시마에서 태어나 문주왕과 삼근왕, 동성왕 등 선대 왕들이 귀족 반란 세력에 의해 죽임을 당하는 험한 꼴을 지켜보며 자란 파란만장한 왕이었다. 40세의 늦은 나이로 왕위에 올라 반란 세력을 평정하고 양나라와 신라, 왜 등과 교류하며 백제 부활의 기틀을 마련한 위대한 왕이었다. 곧 담로에 흩어져 있던 왕족들이 모여들고, 태자 명농(뒷날의 성왕)의 주재 아래 장례위원회가 구성되었다. 삼 년 동안 빈소에 모셨다가 안장하는 삼년장이 결정되고, 내신좌평이 장례 실무 책임을 맡았다.

그 해 가을 왕궁 서편 정지산에 마련된 빈전 앞에서 상주인 명농이 왜의 조문 사절을 맞는다.

금동 향로가 피워 올리는 향내음이 빈전에 가득한 가운데 상주와 조문객의 예의는 엄숙하기만 하다. 이윽고 문상이 끝나자 명농이 입을 연다.

―**선왕의 태를 묻은 곳의 나무로 관을 만들고 싶소. 곧고 굳은 금송을 보내 주시오.** 금송은 선왕의 아버지 곤지가 세력을 이루었던 오사카 남부 지방의 최고급 나무. 상주는 관재 하나에도 절절한 추모의 염을 담고 싶은 것이다.

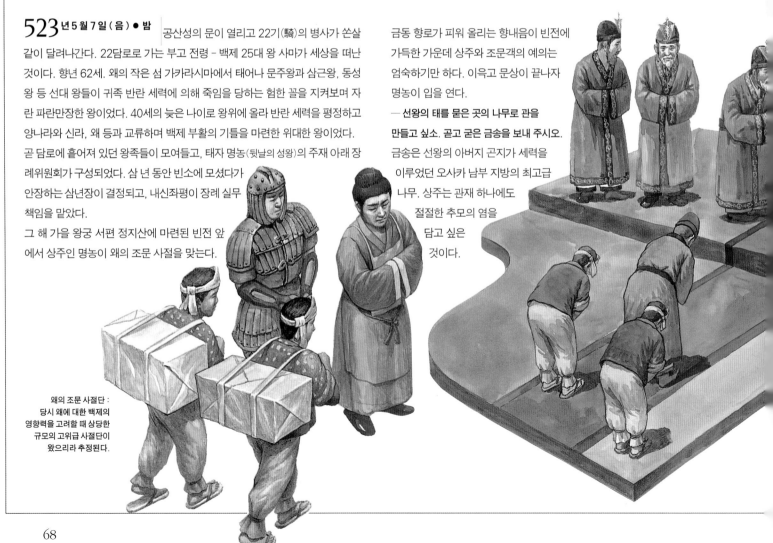

왜의 조문 사절단 :
당시 왜에 대한 백제의 영향력을 고려할 때 상당한 규모의 고위급 사절단이 왔으리라 추정된다.

송산리 고분군에서 직선 거리로 1km 정도 떨어져 있는 정지산은 왕궁인 공산성의 서쪽에
자리잡고 있다. 무령왕비의 묘지석에 "……서쪽 땅에서 초상을 치르고……"라는 말이 새겨져
있는 것으로 보아 이곳에 왕비의 빈전이 마련되고, 그 전에는 왕의 빈전도 있었을 가능성이 높다.
이를 뒷받침하듯 정지산 유적의 중심부에는 독특한 형태의 기와 건물터 1동이 있고,
동쪽과 남쪽에 백제에서만 발견되는 형태의 건물터 7동이 보인다.

고인의 명복을 빌며 : 본래 빈장
(1차장)은 고인이 혹시라도 다시
소생하지 않을까 하는 기대 속에
시작되었다. 빈장을 하는 동안 왕릉을
훌륭하게 꾸미고, 기간이 지나 살이
없어진 뼈를 본 무덤에
안치시킨다.

1971년**6**월**29**일 ● **아침** 송산 기슭 옛 무덤들 사이에 사람들이 모여
있다. 이곳의 무덤들은 일찍이 도굴을 당해 주인이 누구인지 알 수 없다. 다만,
위치나 규모로 보아 공주 도읍기 백제 왕족들의 무덤이라 추정할 뿐. 지금 이들은
그 가운데 5호분, 6호분이라 이름 붙인 두 무덤이 곧 닥칠 장마에 침수되지
않도록 배수구 공사를 하려고 여기 모인 것이다. 김영배와 문화재관리국 감독관
윤흥로, 그리고 현장소장 김영일이 공사 도면을 들여다보며 의논한다.
— 6호분의 봉분 뒤쪽에서 동쪽 비탈로 빠지는 배수로를 파고 배수관을 묻습니다.
그렇게 하면 산 위에서 흘러내리는 빗물이 무덤 안으로 스며드는 것을 막을 수 있거든요.
공사에 앞서 6호분의 봉분 위에서 간단한 위령제를 지낸다. 주인은 모르지만
함부로 봉분 주위를 파헤칠 수는 없는 것이다.
일주일 뒤인 7월 5일 새벽 기이한 꿈을 꾼 김영배는 자리에서 벌떡 일어났다.
돼지 같기도 하고 해태 같기도 한 짐승이 노한 얼굴로 그를 향해 달려든 것이다.
'봉분의 주인이 노한 것일까?' 한참을 뒤척이던 그는 날이 밝자 현장으로 향했다.
그날 오전, 작업을 하던 인부의 삽날 끝에서 둔탁한 소리가 났다.
— 여기 뭐가 걸리는데요?
석회가 섞여 단단히 굳은 경토층이었다.
— 주위를 파봅시다. 조심하세요.
얼마를 파내려 갔을까?
쨍! 심상치 않은 소리, 벽돌층이었다. '이건 6호분의 것이 아닌데……?'
김영배의 가슴이 뛰기 시작했다. 벽돌층은 아래로 이어지는 한편, 동쪽으로 나아
가다가 다시 북쪽으로 방향을 틀었다. 아래쪽에서는 아치형 건조물이 나타났다.
— 무덤이야! 또 다른……! 작업을 계속할수록 확신은 굳어갔다.
얼마 뒤, 부여 지역을 순시중이던 윤흥로가 연락을 받고 달려왔다.
현장에는 안승주(공주사대 교수)와 박용진(공주교대 교수)도 있었다.
— 작업을 중단합시다. 중앙에 알려야 해요.
윤흥로가 중앙에 조사단을 요청하자고 주장했다.
— 무슨 소리요? 어서 발굴을 합시다.
흥분한 탓일까, 잠시 실랑이가 오갔다. 그러나 결국
윤흥로의 주장이 관철되었다. 섣불리 손댈 일이
아니었던 것이다.

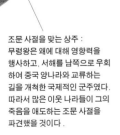

조문 사절을 맞는 상주 :
무령왕은 왜에 대해 영향력을
행사하고, 서해를 남쪽으로 우회
하여 중국 양나라와 교류하는
길을 개척한 국제적인 군주였다.
따라서 많은 이웃 나라들이 그의
죽음을 애도하는 조문 사절을
파견했을 것이다.

── 금강교
■ 송산리 고분군
무령왕릉 모형관
■
■ 무령왕릉
공산성
■
쌍수정
북
공주문화원
남
국립공주박물관 ■

▲ 충청남도 공주시와 송산리 고분군 : 동으로
옛 백제 왕성 공산성이 자리하고, 서로 금강 줄기가
바라다 보이는 곳에 무령왕릉(위 사진)을 포함한
옛 무덤 7기(송산리 고분군)가 멀리 계룡산을
바라보며 누워 있다.

터를 잡은후 나무로
틀을 만든다

나무로 틀을 만든 후
벽돌을 쌓아 올렸다.

무덤의 내부는
널방과 널길,
그리고 배수구로
이루어져 있다.

524 년 ● 봄

선왕을 안장할 대묘를 쌓는 공사
가 시작되었다. 묘의 형식은 굴식 벽돌무덤〔횡혈식전
축분〕. 굴 모양의 널방과 널길을 만들고 벽돌로 벽과
아치형의 천장을 마감하는, 중국 남조 양나라의 형식
이다. 오늘날의 건설교통부 장관격인 목부달솔이
현장을 지휘하고, 능숙한 토목 기술자들이 터를
닦고 있다. 직접 현장 순시에 나선 좌평이 목부달솔
을 부른다.

― 선왕의 묘제는 처음 시도하는 형식이니만큼 실수가 없도록 해야
하네. 특히 물빠짐에 유의해야 할 게야.

설계도를 들여다보며 몇 번이나 달솔에게 다짐을 주던 좌평이 산 아래로
발길을 옮긴다. 벽돌을 굽는 가마 터에도 들러 와박사들에게 특별한 다짐을
주어야 하리라.

그 해 가을 대묘에서는 벽돌 쌓기가 한창이다. 사방 무늬가 새겨진 벽돌을 옆으로
눕혀 엇갈리게 넉 줄을 쌓고 그 위로 연꽃 무늬가 새겨진 벽돌을
세워 한 줄로 나란히 쌓는다. 세워 쌓는 벽돌의 앞면에는 연꽃
무늬가 절반씩 새겨져 있어 두 장을 포개면 하나의 연꽃
무늬를 이루게 된다. 그리하여 널방의 네 벽과 천장은
온통 연꽃으로 채워져 간다. 선왕이 연꽃 가득한 불국
정토에서 다시 태어나기를 기원하는 마음이

차곡차곡 쌓여 가는 것이다.
내신좌평은 목부달솔과 함께 날마다 대묘를
찾아 독려한다.

― 겨울이 오기 전에 마무리해야 하네. 그래야 완성된 채로 겨울을 나 보고
추위에 생길지 모를 결함을 보완할 게야.

행여 연꽃 무늬가 어긋날까 조심스레 벽돌을 쌓는 장인들의 손놀
림이 섬세하면서도 재빠르다.

아치 쌓는 기술 : 약간 각을 준 사다리꼴 벽돌을
써서 아래로 쏟아지는 것을 방지하였다.
완성 후 받침 틀을 빼어내면 벽돌끼리 서로 힘을
받아 아치 모양을 유지한다.

무령왕릉의 벽돌 쌓기 : 벽돌을
뉘어 쌓는 '길이모쌓기'로 넉 줄, 세워 쌓는
'작은모쌓기'로 한 줄 씩을 번갈아 쌓아 올리는
사평일견법(四平一竪法)을 썼다. 이는 중국의
삼평일견법과 구별되는 백제의 방식이다.

등감 : 북벽에 1개, 동·서벽에 2개씩 등감을 만들었다. 등감 안에는 청자 등잔이 들어 있었는데, 타다 만 심지가 안에 남아 있었다.

바닥 : 먼저 암반을 평탄하게 깎아낸 후 그 위에 벽돌을 삿자리 모양으로 배열하고, 벽돌 사이에는 석회를 발라 고정시켰다.

연꽃 무늬 벽돌

두 개의 벽돌을 합쳐 하나의 아름다운 여덟 잎 연꽃을 창조한 모양. 무령왕릉을 쌓는 데 사용된 벽돌은 28종류 이상이다. 이 가운데 주목을 받는 것이 이처럼 무늬를 새긴 벽돌과 글자를 새겨 넣은 벽돌이다.

무늬 벽돌에는 짧은 변에 무늬가 있는 것(사진)과 긴 변에 무늬가 있는 것이 있다. 또 글자 벽돌에는 '···士壬辰年作'이란 글자를 새긴 것(51쪽 참조)과 '大方', '中方' 등을 압출(좁은 구멍 등으로 눌러서 밀어내는 것)한 것이 있다.

1971년 7월 7일 ● 오후

의문의 벽돌층이 드러난 이틀 후, 국립박물관장 김원룡을 단장으로 하는 조사단이 도착했다. 조사단은 곧 현지 학자들과 함께 발굴 작업을 시작했다. 드러난 벽돌층 앞에 네모지게 구덩이를 파내려 갔다. 긴 여름 해가 기울 무렵 무덤의 아치형 출입구 상단이 드러났다. 고분임이 확실했다. 모든 이의 가슴이 뛰기 시작했다.

'누구의 무덤일까?', '과연 손을 타지 않은 처녀분일까?', '어떤 구조의 무덤일까?', '무엇이 들어 있을까?' 꼬리에 꼬리를 무는 의문이 이들을 달뜨게 했다. 어서 출입구를 열고 싶었다. 그러나 해는 이미 기울어 어둠이 깔리기 시작했다. 현장에 나와 있던 현지 경찰서장에게 단장이 말했다.

— 중요한 유적이니까 밤 사이 경비를 부탁합니다.

서장이 난색을 표했다.

— 병력이 모자라서…….

단장은 고심 끝에 철야 작업을 하기로 결정했다. 조명 장비라곤 손전등 몇 개뿐인 상태에서 내린 이 결정은 모험이었다. 인부들이 삽자루를 집어들었다. 그러나 그 순간 깜깜한 하늘에서 장대비가 퍼붓기 시작했다. 하늘이 이들의 무모함을 꾸짖는 듯싶었다. 고여 드는 빗물을 빼내기 위해 구덩이 밖으로 배수로를 내고, 조사단은 산을 내려왔다.

이튿날 아침 8시 다시 작업을 시작했다. 벽돌 아치의 아랫단이 드러날 때까지 땅을 파내려 갔다. 석회를 섞어 다져 넣은 흙이 무덤 입구를 단단하게 봉하고 있었다. 정으로 석회층을 쪼아 나갔다.

석회층은 오후 3시가 넘어서야 모두 제거되었다. 벽돌을 쌓아 막은 무덤의 출입구가 완전히 드러났다.

'이제 저 벽돌만 걷어내면…….' 조바심에 모두 마른 침을 삼켰다.

그러나 모든 일에는 절차가 있는 법, 아무리 급해도 남의 집 문을 함부로 여는 법이 아니다. 더구나 어림잡아도 천년이 넘는 세월을 지내 온, 죽은 자의 집임에야.

— 고사 준비.

단장이 위령제를 지시했다. 그것이 죽은 자를 깨우는 산 자의 예의이다. 상도 없이 백지 위에 북어 세 마리와 수박 한 통, 그리고 막걸리를 올렸다. '곤한 잠을 깨워 죄송합니다. 무례한 후손들을 용서하시고 부디 발굴이 무사히 끝날 수 있도록 도와 주소서.' 제상은 초라했지만 마음은 간절했다.

▲ 꼭꼭 숨어라 벽돌 보인다 : 무령왕릉의 널길을 막은 입구 부분이 살짝 드러났을 때의 모습(위 사진). 만약 6호분의 배수로를 파는 인부의 삽이 약간만 비껴 갔어도 이 무덤은 드러나지 않았을 것이다. 아래 사진은 입구 앞의 배수구.

▲ 껴묻거리 : 복원된 시신의 발받침.
두 발을 올려놓을 수 있도록 'W'자
모양으로 파냈다. 진품의 아래 부분은
옻칠한 면이 느슨해졌고
나무 재질도 심하게 썩었다.
밑변 38cm, 높이 20cm.
진품은 국보 165호.

525년 ● 늦여름

좌평은 목부달솔을 거느리고 다시 대묘를 찾았다. 얼마 뒤에 있을 탈상과 안장을 앞두고 순시에 나선 것이다. 좌평은 먼저 널방 벽과 천장을 꼼꼼히 살핀다. 널방은 지난 여름 지긋지긋한 장마비에도 물 한 방울 스며든 흔적 없이 깔끔하다. 달솔의 얼굴에 안도의 빛이 스친다. 좌평은 허리를 숙여 널방 바닥 구석구석을 손으로 쓸어 본 뒤 꼭 다물었던 입을 연다.

— 선왕께서 영원히 누우실 자릴세. 거친 곳이 없도록 꼼꼼히 마무리하게.

좌평은 산을 내려와 상방으로 향한다. 박사 다리(多利 : 43쪽, 51쪽 참조)가 좌평을 맞는다.

— 준비는 다 되었는가? — 예!

다리는 좌평을 창고로 안내한다. 금송으로 만든, 검은 옻칠을 한 관이 먼저 눈에 띈다. 관 뚜껑에 별처럼 박힌 금제 꽃 장식이며, 못머리 하나까지 꽃 모양으로 은판을 씌운 매무새에서 정성과 솜씨가 느껴진다. 선왕이 생전에 쓰던 왕관과 용 무늬가 새겨진 환두대도, 그 밖에 선왕과 함께 묻힐 여러 기물들이 가지런히 놓여 있다. 좌평의 눈길이 맨 끝에 놓인 아담한 돌짐승에 오래도록 머문다. 대묘 입구에 놓여 선왕의 안식처를 영원히 지켜 줄 진묘수(鎭墓獸)이다. 부리부리한 눈과 머리 위로 솟은 철제 뿔이 믿음직스럽다.

'그 누구도 선왕을 침범하지 못하게 영원히 대묘를 지키거라.'

좌평은 오래도록 돌짐승을 어루만진 뒤 상방을 나선다. 그날 오후 좌평은 손수 붓을 들어 묘지(墓誌)를 쓴다.

'영동대장군 백제 사마왕께서 62세 되는 계묘년 5월 7일에 붕(崩)하셨다.
을사년 8월 12일에 대묘에 모시고 이와 같이 적는다.'

'붕'이란 황제의 죽음을 말한다. 선왕에 대한 흠모의 정과 그가 이룬 국세에 대한 자부심의 표현이리라.

좌평은 이어 매지권(땅 구입 증서)을 적는다.

'돈 1만 매, 이상 1건. 을사년 8월 12일 영동대장군 백제 사마왕은 이 돈으로 토왕, 토백, 토부모와 상하 2천 석의 여러 관리에게 문의하여 남서쪽의 땅을 사 무덤으로 삼기에 문서를 만들어 증명하니 율령을 좇지 않는다.'

두 문서는 돌판에 새겨져 돌짐승과 함께 무덤 입구에 놓일 것이다.

같은 해 8월 12일 사마왕의 장례식이 거행되었다. 27개월의 삼년상 동안 이승의 살을 벗어 버린 유골이 목관에 담겨 대묘에 안장되는 것이다. 세상을 뜬 지 이미 3년의 세월이 흘렀건만, 장례는 큰 슬픔 속에 진행되었다. 관이 들어가고, 2천여 점의 유품이 들어갔다. 마지막으로 돌짐승과 묘지석이 들어가고, 대묘의 입구가 굳게 봉해졌다. 그로부터 4년 뒤인 529년 대묘는 단 한 번 왕비의 주검만을 받아들였을 뿐, 이후 1400여 년의 세월 동안 오직 어둠에게만 공간을 맡긴 채 그 누구의 침범도 허락하지 않았다.

무령왕의 호칭에 관하여

생전의 이름 '사마'는 그가 일본의 섬에서 태어난 것과 무관하지 않다. 섬을 뜻하는 일본 말이 '시마'이기 때문이다. 그의 또 다른 이름은 중국식인 '융'이다. '무령왕'이라는 시호를 언제 누가 바쳤는지는 알 수 없다. 지문에 쓴 '영동대장군'은 양나라에서 그에게 준 작위이다. 그러나 이 작위가 주종관계의 표현이 아니라는 것은 무령왕의 무덤을 '대묘(大墓)'라 하고 그의 죽음을 황제에게나 쓰는 '붕'이라 한 데서 알 수 있다.

▲ 무령왕의 묘지석(墓誌石) : 청회색 섬록암에 해서체로 글을 새기고, 뒷면엔 십간 십이지를 새겼다. 또 하나의 묘지석에는 매지권을 쓰고 4년 뒤 그 뒷면에 왕비의 묘지문을 새겼다.
가로 41.5cm, 세로 35cm, 두께 5cm.

1971년 7월 8일 ● 오후 5시

위령제가 끝날 무렵 어떻게 알았는지 사람들이 모여들기 시작했다. 경향 각지의 기자들과 구경꾼들…….

역사적 현장을 먼저 들여다보겠다는 욕심에 현장 일대는 북새통이 되었다.

이윽고 고사가 끝나고, 단원들은 벗어 두었던 장갑을 다시 손에 끼었다.

모든 사람들의 눈이 무덤 입구로 쏠렸다.

김원룡과 김영배가 앞으로 나서 입구를 막은 벽돌을 떼내기 시작했다.

한 장 또 한 장…… 고인의 진노를 일으킬세라 손놀림이 조심스러웠다.

그러던 어느 순간, 무덤 저 안쪽에서 한 줄기 찬바람이 훅 끼쳐 왔다.

1400년 전의 바람이, 1400년을 온전히 묵은 바람이.

— 누구의 무덤입니까?

— 도굴 흔적이 있습니까?

— 뭐가 들어 있어요?

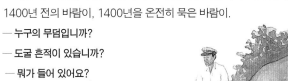

▲ **문은 열리고** : 1400년 전의 사람들이 고인들만의 공간을 위해 막고 나온 문을 1400년 후의 사람들이 열고 들어간다. 널문을 막은 벽돌을 완전히 떼어낸 직후에 찍은 사진.

◀ **1400년 전의 '정성'** : 무령왕릉은 백제가 고구려에게 한강을 빼앗긴 이래 가장 크게 국세를 떨쳤던 성왕대에 축조된 것이다. 그런 만큼 무덤도 아름다운 벽돌로 정성껏 지었을 뿐 아니라 지극한 정성으로 그 안에 들어갈 꺼묻거리를 만들었다. 특별 기관을 두어 내로라 하는 백제의 장인들을 선발하여 그 일을 맡겼을 것이다. 한번 무덤 안에 들어가면 오직 고인을 위해 존재할 뿐 다시는 세상에 나오지 않을 공예품들에 쏟은 그 정성이야말로 진정한 장인 정신이라 하지 않을 수 없다.

▶ **1400년 후의 '졸속'** : 발굴단은 기자와 구경꾼이 몰려드는 바람에 무엇에라도 홀린 듯 발굴을 서둘렀지만, 당시 기자들이 몰려들어 사진을 찍은 것은 역설적으로 다행이었다. 이 역사적인 발굴에 공식적으로 동원된 카메라가 단 1대뿐이었기 때문이다. 그나마 이 카메라는 무덤 안 조사 때는 무용지물이었다. 조명을 유지해 줄 스트로브는 없었고, 플래시는 그 사용 방법을 아는 사람이 없었기 때문이다. 이처럼 졸속의 연속이었던 발굴에 대해 김원룡 단장은 "고분이 가지고 있던 많은 정보들을 나의 실수로 영원히 모르게 하고" 말았다는, 가슴 치는 후회의 말을 남겼다.

미처 벽돌을 다 떼어내기도 전에 기자들의 질문이 쏟아졌다.

조금이라도 빨리 특종을 쓰겠다는 조바심들…….

그 조바심 너머로 1400여 년의 세월이 쌓아 온 묵직한 어둠이

조금씩 걷히고 있었다. **그리고 어둠 속에서 오랜 세월 무덤을 지켜 온 이름 모를 돌짐승이 눈을 부릅뜨고 있었다.**

돌짐승의 두 눈은, 어둠 속이었건만 노한 듯 푸른 빛을 내뿜고 있었다.

무덤 속에서

529년과 1971년은 그렇게 만났다.
입구에서 무덤방에 이르는 짧은 널길(연도)에서는 이리저리
넘어진 단지들과 반듯한 묘지석이, 세 평 남짓한 널방에서는
무너져 내린 나무널(목관)과 반짝이는 금빛 유물들이, 1442년의
세월 건너편에서 온 사람들에게 말없이 인사를 건넸다.
'백팔번뇌'와 함께 영원히 잠들기를 바랐음일까. 무덤 속 유물은 모두 108종 2906점.
그 오랜 세월 뜬눈으로 이들을 지켜 온 돌짐승은 우리에게 말한다. "나는 1400년 동안
이들을 지켜 왔소. 이제 그 무거운 짐은 여러분의 것이오. 앞으로 1400년 동안,
아니 14,000년 동안 그들을 지켜 주시오. 그들을 외부의 사악한 기운으로부터
보호하고 백제 문화의 위대함을 만천하에 알려 주시오!"

◀ **무령왕릉의 돌짐승**
무령왕릉 널길 입구 중앙에 밖을 향해 놓여 있다.
높이 30cm, 길이 47cm, 너비 22cm.

널방(묘실) : 4.2 × 2.72 m

출토 당시 유물 상황

널길(연도) : 2.9 × 1.04m

남 ↔ 북

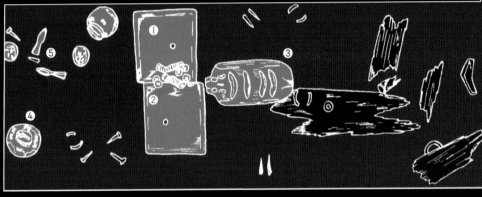

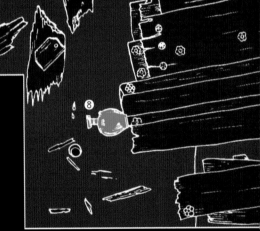

▲ 출토 당시 유물 상황

① _묘지석 (국보 163호)
② _오수전
③ _돌짐승 (국보 162호)
④ _중국 청자
⑤ _청동 수저
⑥ _왕의 목관재 (뚜껑)
⑦ _왕비의 목관재 (측면)
⑧ _중국 자기
⑨ _등잔

▼ 왕의 껴묻거리

① _뒤꽂이 (국보 159호)
② _짐승 무늬 거울 (국보 161호)
③ _관치레걸이 (국보 154호)
④ _귀걸이 (국보 156호)
⑤ _허리띠 장식
⑥ _장도
⑦ _환두대도
⑧ _금동 신발
⑨ _발받침 (국보 165호)
⑩ _4각 신선·짐승 무늬 거울
(국보 161호)

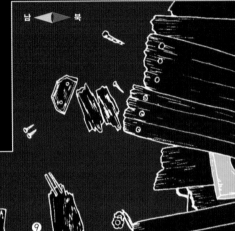

▲ **나무널(목관)의 원래 모습** : 세월의 무게를
견디지 못하고 무너진 왕과 왕비의 관이 본래는
어떤 모습이었을까 추정하여 복원했다.

왕 껴묻거리

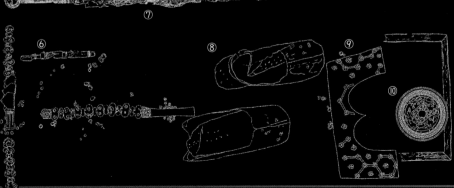

왕비 껴묻거리

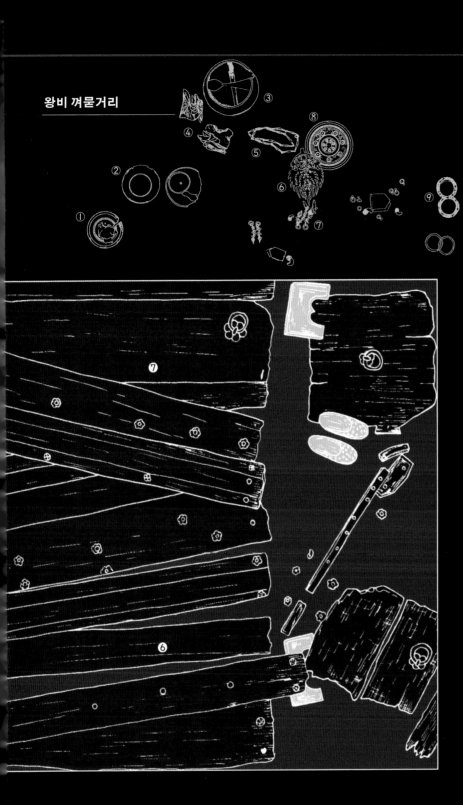

▲ **왕비 껴묻거리**

① _ 동제 접시
② _ 동제 주발
③ _ 동제 바리, 동제 수저
④ _ 나무새
⑤ _ 목걸이 (국보 158호)
⑥ _ 관 치레거리 (국보 155호)
⑦ _ 귀걸이 (국보 157호)
⑧ _ 짐승 무늬 거울 (국보 161호)
⑨ _ 은팔찌 (국보 160호)

⑩ _ 장도
⑪ _ 금제 꽃잎 장식
⑫ _ 동제 이차구
⑬ _ 금동 신발
⑭ _ 청동 다리미
⑮ _ 발받침
⑯ _ 금팔찌

▲ **입체로 본 무령왕릉 :** 왼쪽 사진은 1400여 년 전 무령왕릉을 상상하여 복원한 모습. 항아리, 묘지석, 돌짐승이 있는 널길 뒤로 널방이 보인다. 오른쪽 사진은 무령왕릉의 옆 단면을 복원한 모습. 널방이 널길보다 길이는 1.3m 길고 높이는 1.69m 높다.

🔧 발굴은 이제부터다

1971년 7월 8일 저녁 10시 무덤 실측 완료.
다음날 아침 9시 유물 수습 완료.

입구의 벽돌을 뜯어내기 시작한 지 17시간 만에 '해방 후 최대의 발굴' 은 끝났다. 기자들의 촬영 경쟁 속에 청동 숟가락이 부러지고 구경꾼이 몰려들자, 다급해진 발굴단은 변변한 촬영 기구 하나 없이 속전속결로 이 역사적인 작업을 끝내 버린 것이다.

무모한 발굴에 대한 죽은 자의 화풀이였을까? 7월 16일 유물들을 서울로 이송하던 차량 기사 한 명이 옥산 휴게소에서 사고를 당하더니, 8월에는 문화재 과장의 차량 기사가 아이를 쳤다. 이듬해에는 김원룡 발굴단장이 빚에 몰려 집을 처분해야 했고, 남의 차를 타고 무령왕릉으로 가다가 또 아이를 치는 사고를 냈다.

발굴에 참여한 사람들은 액운에 대한 두려움보다 졸속 발굴에 대한 회한으로 몸을 떨었다. "도굴꾼도 그렇게 하지는 못했을" 것이라는 그들의 자책은 곧 자신의 문화 유산을 돌볼 줄 몰랐던 우리 국민 모두의 자책이 되었다. 유물들을 잘 보존하고 연구하여 백제사의 진실을 발굴해 내는 것만이 그 자책에서 해방되는 길이다. 무령왕릉 발굴은 끝났지만, 백제사의 '진정한 발굴' 은 이제부터다.

LECTURE
ROOM

특강_권오영

한신대학교 국사학과 교수로
풍납토성 발굴에 참여하여
신비의 초기 백제사를 복원하는 데
많은 힘을 기울여 왔다.

백제는 우리가 지금까지 알고 있는 것만으로도 대단한 고대의 문화 국가였다. 그러나 백제는 앞으로 알아내야 할 것이 훨씬 더 많은 미래의 나라이기도 하다. 특히 '한국의 폼페이' 풍납토성의 발굴로 주목받는 한성 백제와 영산강 유역 발굴로 부각된 '백제의 요람' 마한 사회는 백제사 완성을 위해 채워나가야 할 큰 공백이다.

한강변의 백제 도읍지를 찾아서

"한강을 차지하는 자가 천하를 차지한다"는 말이 있었다. 한반도 중심부를 관통하는 총길이 481.7km, 유역 면적 3만 4473km²의 한강을 차지하기 위해 삼국은 엄청난 희생을 치렀다. 첫 주인인 백제는 이곳을 잃으면서 위축되었고 끝내 마지막 주인인 신라에게 패망하고 말았다. 오늘은 한강 일대에 있던 백제 500년 도읍지의 위치조차 불확실하다. 몽촌토성과 풍납토성의 발굴로 윤곽이 드러나기 시작한 한강 시대 백제인의 삶. 그것을 오롯이 되살려 내는 것은 백제의 재발견일 뿐 아니라 서울 2천 년의 재발견이며, 나아가 우리 역사의 재발견이다.

공주와 부여가 아닌 백제

우리는 흔히 백제라고 하면 충청남도의 공주와 부여를 연상한다. 하지만 700년 가까운 백제의 전체 역사 가운데 공주와 부여에 도성을 정하였던 시기는 185년에 불과하다. 그 나머지는 한성 시대라고 하는 시기로서 백제의 탄생과 걸음마, 고이왕대의 발전, 근초고왕대의 대팽창, 개로왕의 비극 등이 모두 이때 일들이다. 당시 도성을 한성, 혹은 위례성이라고 부른다.

한성과 위례성이 동일한 성에 대한 다른 명칭인지, 전혀 다른 두 개의 성인지, 아니면 하나가 다른 하나를 포괄하는지는 분명치 않다. 이 문제에 대해서는 이미 고려 시대 역사가들도 고민하고 있었다. 12세기에 편찬된『삼국사기』백제본기에서는 백제의 도성이 위례성에서 한산으로 옮겨 간 것으로 기록되었지만, 같은 책의 지리지에서는 위례성에서 한성으로 천도했다고 한다. 한편 일연 스님이 쓴『삼국유사』에서는 위례성(충청남도 직산)→한산(경기도 광주)→북한산(경기도 양주) 차례로 변천한 것으로 나타난다. 이 견해는 조선 시대로 이어져 백제 최초의 도성인 위례성이 지금의 충청남도 직산이었다는 설이 대세를 이루었고, 지금도 간혹 이 설을 믿는 사람들이 있다.

이러한 주장에 반대하여 백제의 도성을 한강 유역에 못박은 인물이 다산 정약용이다. 그는 위례성이 하북과 하남에 하나씩 있었다고 판단하고 하북 위례성(삼각산 동쪽 기슭)→하남 위례성(경기도 광주)→한성(서울)의 차례로 천도한 것으로 이해했다. 이에 비로소 직산설은 그 위력을 상실했다. 위례성을 하북과 하남으로 구분한 다산의 견해는 지금도 막강한 영향력을 끼쳐 백제 건국 집단이 남하하기 이전 한동안은 한강 이북에 정착했다고 믿고 있는 연구자들이 적지 않다.

(위)1970년대 강남 개발 이전 한강 유역 지도. 이때만 해도 한강은 몽촌토성과 석촌동 고분군 바로 옆으로 흘렀다.

(아래)1970년대 강남 개발 이후 한강 유역 지도. 원래 섬이었던 잠실이 육지로 변했고 잠실을 남북으로 갈랐던 한강 남쪽 지류는 석촌 호수만 흔적으로 남기고 있다.

문헌에 나타난 백제의 첫 수도

백제 건국 집단이 한강 유역에 도착한 시점, 정착한 최초의 지점, 그리고 웅진(충청남도 공주)으로 내려가기 이전의 도성 체제나 왕성의 구체적인 내용은 여전히 알 수 없다. 위례성의 위치에 관심이 쏠리는 것은, 백제사의 시작이 언제부터이고 그 중심지가 어디였는지 규명되지 않으면 더 이상의 논의는 불가능하기 때문이다. 가설들의 공약수는 지금의 한강 유역 어딘가에 있었다는 점뿐이다.

고대사 연구에서 공통으로 겪는 어려움이지만, 백제사의 경우는 관련 문헌 자료의 양이 너무도 적고 그나마 있는 자료도 사료로서 가치를 의심받는 부분이 적지 않다. 많은 연구자들이 3세기 고이왕 이전에 관한『삼국사기』기사 내용의 신빙성을 의심하고 있으며, 심한 경우 4세기 근초고왕 이전 전체를 의심하는 연구자도 있다. 자연히 문헌보다는 고고학적 연구에 의지하는 바가 클 수밖에 없다.

하지만 서울의 강북 지역은 조선 왕조 개창 이후 현재까지 600여 년 동안 수도가 되었기 때문에 많은 사람들이 거주하면서 고대 유적이 대부분 파괴되었다. 설령 일부가 남아 있다고 하더라도 이미 빌딩 숲에 덮여 버렸기 때문에 앞으로 빛을 보기가 어려울 것이다. 다만 일제 시대에 중랑천 일대에서 작은 토성들이 다수 확인됨으로써 이 일대가 하북 위례성과 관련을 갖고 있지 않을까 하는 추측이 제기되었을 뿐이다.

백제의 본격적인 도성과 왕성은 현재의 한강 이남에 있었음이 분명하지만 구체적인 사실은 아직 알 수 없다.『삼국사기』를 보면 개로왕 때 고구려의 장수왕이 백제 수도 '한성'을 포위하고 '북성(北城)'을 7일 동안 공격하여 함락시킨 뒤 다시 '남성(南城)'을 공략했다는 기록이 나온다. 같은 사건을 서술한『일본서기』는 "고구려 대군이 대성(大城)을 공격하여 일곱 낮밤 만에 왕성(王城)이 함락되고 마침내 위례를 잃었다"고 기록하고 있다.

여기서『삼국사기』의 한성과 북성·남성이 각각 무엇을 가리키는지,『일본서기』의 대성·왕성·위례와는 어떻게 대응되는지 궁금해진다. '위례'라는 명칭은 한강의 옛 이름인 '욱리'에서 나온 것으로 생각되기 때문에 위례성은 한강 옆의 성이란 뜻이고 한성도 마찬가지이다. '대성'은 도성을 가리킬 수도 있고 '크다(大)'를 표현한 고유의 우리말이 '한'이므로 한성의 다른 표현일 수도 있다. 따라서 위례성·한성·대성은 모두 같은 것으로 전체 도성 체제를 가리키고 그 안에 북성과 남성이라는 두 개의 성이 있었던 것 같다. 그리고『삼국사기』에서 7일 만에 함락된 '북성'이『일본서기』에서는 '왕성'으로 표현되었기 때문에 왕이 주로 거주하던 왕성은 북성이었을 것이다.

석촌동 3호분 발굴 조사 광경(1984)_ 서울시 송파구 석촌동의 백제 초기 무덤. 사적 243호. 전형적인 고구려식 적석총으로 백제 건국 세력이 서울 방면으로 남하한 고구려계 이주민이라는 확실한 증거이다.

석촌동 고분군 출토 수막새_ 지름 12.8cm. 석촌동 고분군 축조 시기의 상한선은 4세기 중엽으로 추정된다.

고고학이 말하는 백제의 첫 수도

서울 몽촌토성 전경_ 서울 송파구 방이동에 있는 백제 초기의 성터. 사적 297호. 1984~1985년의 발굴 결과 나무 울타리와 해자로 구성된, 특수한 토성 구조임이 밝혀졌다.

몽촌토성에서 출토된 그릇받침_ 높이 54cm. 백제 토기 가운데 그릇 받침(기대)은 몽촌토성·풍납토성 등 중앙 지배층과 관련된 유적에서만 발견되는 점이 주목된다.

이렇듯 백제 도성과 관련된 이름은 매우 다양하지만 관련 사료의 내용은 단편적이라 불확실한 점이 많다. 문제 해결의 열쇠는 고고학에 있다. 1916년 석촌동 일대에서 총 89기의 대형 고분이 확인되었고, 1925년의 을축년 대홍수 때는 풍납토성 일부가 무너지면서 중국산 자루 달린 청동솥이 발견되었다. 따라서 이 일대가 백제의 중심지였을 가능성이 제기되면서 몽촌토성, 풍납토성, 이성산성이 왕성의 후보로 지목되었다.

먼저 몽촌토성이 각광을 받았다. '88 서울 올림픽 당시 집권 세력은 잠실 일대에 볼거리를 만들기 위해 석촌동-방이동 고분군을 백제 고분 공원으로, 몽촌토성을 올림픽 공원으로 탈바꿈시키고 몇 차례 발굴 조사를 벌였다. 이때 석촌동 고분군은 백제 왕족의 공동 묘지로 확고한 인정을 받았지만, 몽촌토성의 성격 규명은 유보되었다. 궁궐이나 관청 터는 나오지 않고 약간의 움집과 창고 등만 발견되었을 뿐이기 때문이다. 하지만 막대한 양의 토기·철기류와 함께 나온 기와와 벼루는 이곳에 일반 가옥이 아닌 궁궐이나 관청·사원 등 공공 건물이 있었음을 시사했으며, 최고 사치품이었을 중국제 도자기가 심심치 않게 출토되어 이 성이 지배 집단의 거처였음을 입증해 주었다.

그러는 동안 풍납토성은 『삼국사기』에 나오는 사성(蛇城)이라거나(김원룡) 백제가 아니라 대방군의 중심지라는(일본 학계) 주장들이 제기되었을 뿐, 성 내부에 빠른 속도로 건물이 들어차면서 깊이 있는 검토가 이루어지지 않았다.

한편 이성산성은 신라가 6세기 중반 한강 유역을 차지한 후 새로 만든 것이 분명해지면서 위례성 후보로서의 위치가 많이 흔들리게 되었다. 남은 것은 1km 이내의 거리를 두고 있는 남쪽의 몽촌토성과 북쪽의 풍납토성. 둘 다 백제 왕족의 공동 묘지인 석촌동 고분군과 매우 가까이 있어서 왕성의 후보 자격이 있는 것은 분명하다. 양자는 토성이란 점에서는 공통점이 있지만 차이점도 있다. 풍납토성의 평면은 장방형이고 평지에서 쌓아 올린 데 비해, 몽촌토성은 자연 구릉을 최대한 이용하여 낮은 부분은 흙을 북돋우고 높은 부분은 깎으면서 만든 까닭에 평면이 일정치 못하다. 규모와 축성에 소요되었을 노동력 측면에서는 풍납토성이 앞선다.

몽촌토성이 올림픽 공원으로 탈바꿈하여 정성스런 관리를 받으며 하남 위례성의 후보 1순위로 거론되고 있을 때, 풍납토성 일대는 완전한 주택가로 변모하면서 원래 모습을 상실하게 되어 이 성의 성격을 파악하는 것은 불가능해 보였다. 그러다가 1997년 1월 초, 풍납토성의 성격을 규명할 새로운 전기가 마련되었다.

풍 납 토 성 발 굴 과 다 시 보 는 백 제 역 사

아파트 지하 주차장을 짓기 위한 공사 과정에서 일반 가옥의 지하실보다 더 낮은 지하 4m 지점에서부터 백제 문화층이 고스란히 남아 있음이 확인된 것이다. 긴급 발굴 조사가 이루어지면서, 세 줄로 돌아가는 환호(방어용 도랑), 대형 움집, 수많은 토기와 기와가 발견되었다. 특히 국내 최초로 발견된 3중 환호는 본격적인 토성이 축조되기 전에는 이곳 마을을 방어하는 주요 시설로 환호가 이용되었다는 것, 이곳에서 사람들이 거주한 시기가 오래되었다는 것을 보여 준다.

이때부터 이어진 여러 차례의 발굴은 이곳이 성의 규모, 축조에 동원된 노동력의 양, 유물의 양과 질적 수준 등에서 몽촌토성을 능가함을 확인해 주었다('백제실' 참조). 그리고 풍납토성이 몽촌토성 못지않게 중요하였거나, 아니면 더 중요한 성이었음을 알 수 있게 해주었다. 지금까지 발굴 조사된 면적은 전체 풍납토성의 면적에 비하면 극히 일부에 지나지 않기 때문에 아직 단정지을 수는 없지만, 몽촌토성과 풍납토성은 각기 남성과 북성으로 불리면서 함께 한성이라는 도성 체제를 이루었을 가능성이 매우 높다.

백제 최초의 도성인 하남 위례성에 대한 연구는 사실 이제부터 새로운 국면에 접어들었다고 할 수 있다. 그 동안 서울 강남의 백제 유적들은 무관심 속에서 장기간 방치되었고 간혹 조사가 이루어지더라도 매우 불충분하였지만, 앞으로는 상황이 달라질 것이기 때문이다.

풍납토성의 발굴 조사는 위례성의 위치만이 아니라 500년 한성 백제의 역사에 대한 그 동안의 연구 성과를 수정하게 만들고 있다. 이 엄청난 규모의 성이 만들어진 시기가 3세기의 어느 시점이기 때문에 이때에는 이미 백제가 강력한 집권 체제를 갖추었음을 알 수 있다. 아울러 3세기 후반 중국 서진에서 만든 동전 무늬 도기가 이곳에서 많이 발견됨으로써, 백제와 중국의 교류는 그 동안의 통설처럼 4세기 중반 근초고왕 때 시작된 것이 아니라 이미 그보다 70~80년 이른 시기부터 시작되었음을 알게 되었다. 이러한 사실은 백제의 국가 형성이 우리가 알고 있는 것보다 일찍부터 진행되었음을 보여준다.

아울러 중국만이 아니라 남부 지방의 가야, 바다 건너 왜에서 들어온 유물도 많이 출토되었기 때문에 당시 백제가 동아시아 교역망의 중심적 위치에 있었다는 점도 밝혀지게 되었다.

이렇듯 풍납토성의 발굴 조사는 하남 위례성 위치 문제만이 아니라 백제 초기사, 나아가 삼국의 역사와 문화를 연구하는 데 커다란 전환점이 되었다.

풍납토성_ 서울 송파구 풍납동. 사적 11호. 남쪽에서 바라본 북벽의 모습이다.

특강_김영심

백제사 연구 하면 부여와 공주에
도읍했던 시기의 이 두 지역에
집중되어 오던 경향에서 벗어나,
백제의 토대를 이룬 마한의 중심지,
영산강 일대의 고대사를 치밀하게
천착해 왔다.

우리는 흔히 영남은 신라, 호남은 백제였다고 생각한다. 그러나 호남의 영산강 유역에서는 4~5세기까지도 백제적인 요소들이 잘 보이지 않는다. 그렇다면 고대의 호남 지방은 얼마나 백제적이었나? 아니, 백제적인 것은 도대체 무엇인가? 백제와 백제인의 신비를 푸는 또 하나의 열쇠, 영산강 유역의 백제 문화를 탐구해 보자.

독 무 덤 과 돌 방 무 덤 사 이

영산강 유역의 마한적인 것과 백제적인 것

일반적인 통념에 따르면 삼국 시대 이전 남한 지방에는 마한 · 진한 · 변한의 삼한이 있었고, 이들을 각각 백제 · 신라 · 가야가 계승했다. 따라서 영산강 유역은 마한에 이은 백제사의 범주 속에서 다루어져 왔다. 그러나 이 지역에서 출토되는 고고학 유물들을 보면 독무덤처럼 백제 중앙에서는 보이지 않는 마한의 문화 요소들이 늦은 시기까지 끈질기게 나타난다.

이 같은 현상은 백제 사회의 이중성에서 비롯되었다. 백제는 부여-고구려계의 이주민 세력이 건국한 뒤 마한의 토착 세력을 병합시켜 가면서 발전한 나라였다. '마한 땅에서 형성된 부여족 정권'이라는 이 특수성 때문에 이주민 지배층과 토착민 피지배층 사이에는 이질성이 컸다. 그리고 백제에서 이러한 이질성이 가장 늦게까지 남아 있던 곳이 바로 영산강 유역 고대 사회였다.

3 세 기 — 영 산 강 유 역 은 마 한 천 하

영산강 유역은 청동기 시대 이래 한강 유역과는 다른 문화의 중심을 이룬 곳으로 수많은 고인돌과 유적 · 유물이 그것을 말해 준다. 삼한 시대의 유적으로는 무덤이 가장 많고, 그 주된 형태는 마한의 다른 지역처럼 널무덤[목관묘]이며 초보적인 '항아리 무덤', 즉 독무덤[옹관묘]도 더러 보인다.

이런 무덤의 주인들은 경기도 · 충청도 · 전라도 일대의 마한 54소국에 속해 있었다. 수천 가에서 1만여 가(家) 규모의 이들 소국은 각각 여러 마을로 구성되고, 그 가운데 중심 마을인 국읍(國邑)은 물자 교류의 중심지였다. 신지(臣智)나 읍차(邑借)라고 불린 국읍의 우두머리들은 경제권뿐 아니라 유사시 군사 지휘권도 행사했지만, 전체 마한 사회는 느슨한 연맹체 단계에 머물러 있었다.

백제가 마한 사회의 주도권을 확보한 3세기 후반까지도 영산강 유역은 큰 변화가 없었다. 이 지역 소국들은 백제의 영향권 밖에서 기존의 연맹체 생활을 이어가고 있었다.

전라남도 해남 군곡리 패총에서는 '화천'이라는 이 무렵의 중국 화폐가 발견되었다. 또 중국 역사책인 『진서』를 보면 286년에 이 지역 20여 소국이 중국과 조공 외교를 맺었다는 기록이 있다. 이런 사례들로 미루어 볼 때 이 시기 영산강 유역에는 아직 백제와는 관계 없이 독자적으로 중국과 교류하던 연맹체들이 있었다는 주장도 있다.

● '마한적인' 옹관 고분
◆ '백제적인' 횡혈식 석실분

금강
동진강
영산강
섬진강
보성강
탐진강

영산강 유역 백제 시대 무덤 분포도

4세기 — 마한을 지키는 독무덤

3세기 후반~4세기경 영산강 유역에는 대형 독무덤〔옹관 고분〕이 등장한다. 이 대형 무덤은 기존 독무덤과는 달리 성인 전용의 커다란 독을 사용했고, 한 무덤 안에 여러 개의 매장 시설을 마련했다. 또 매장 시설을 지하가 아닌 땅 위에 두고 둘레에 도랑을 둘렀다. 구덩이를 파고 나무관을 묻는 목관묘나 작은 옹관묘를 쓰던 곳에 이런 큰 무덤이 나타났다는 것은 그만한 세력을 지닌 실력자들이 나타났음을 뜻한다.

전라남도 영암군 내동리 초분골 옹관_ 영산강 유역의 옹관묘는 다른 지역과는 달리 이 지방 우두머리들의 주된 무덤으로 자리잡고 대형 무덤으로까지 발전했다. 그래서 '옹관묘' 라는 표현 대신 '옹관 고분' 을 쓰는 것이다.

이러한 옹관 고분은 대체로 평야 지대 내의 낮은 구릉이나 하천으로 둘러싸인 수로 교통의 요지에 자리잡고 있다. 그 가운데서도 대표적인 것은 전라남도 영암군 시종면 일대의 옹관 고분들(4세기~5세기 전반)이다. 이것들은 위에서 내려다보았을 때 다른 독무덤과는 달리 원형이 아닌 긴 타원형이나 마름모꼴, 긴 사다리꼴 등 다양한 봉분 형태를 띠고 있다. 그러나 껴묻거리는 토기류나 철기류 약간으로 빈약한 편에 속한다.

이런 옹관 고분은 백제 중앙 지배층의 무덤에서 많이 보이는 굴식 돌방무덤〔횡혈식 석실분〕과는 다른 형태이다. 그렇다면 일정한 세력을 가진 '실력자' 이면서도 백제 중앙의 것과 이질적인 무덤을 쓴 사람들은 어떤 사람들일까?

이 시기를 다루고 있는 일본 역사책『일본서기』기록을 참고해 보자. 이 기록에 따르면, 왜(당시의 일본)는 그 해 가야7국을 평정하고 그 서쪽에 있는 '남쪽 오랑캐' 침미다례(전라도 지방을 가리키는 듯함)를 '도륙' 하여 백제에 하사했다고 한다. 그러나 이것은 당시 왜의 상황과 국제적인 역학 관계를 고려하면, 백제의 근초고왕(재위 346~375)이 전라도 방면과 가야 지역에 진출한 사실을 자신들 멋대로 윤색한 것일 가능성이 많다.

이때 백제는 가야 및 왜와 교역하는 거점으로 영산강 유역을 확보했지만, 이 지역을 완전히 지배하지는 않았을 것이다. 이 지역의 실력자들이 백제 중앙과는 다른 무덤을 쓰고 있는 것을 보면 잘 알 수 있다. 그 실력자들은 여전히 강한 자치권을 갖고 백제에 공납을 바치는 상태였던 것으로 보인다. 그리고 옹관 고분이 지역마다 매우 다양한 모습으로 나타나는 것으로 볼 때, 이 지역 실력자들 사이에는 상명하복의 주종 관계보다는 서로 협력하고 경쟁하는 수평적 결합 관계가 유지되고 있었을 것이다.

이처럼 영암군 시종면 일대의 옹관 고분은 영산강 유역 사회가 백제의 영향을 받기 시작했으나 여전히 마한적인 것을 간직하고 있던 시대의 증거물로 남아 있다.

5세기─마한을 허무는 백제의 돌방무덤

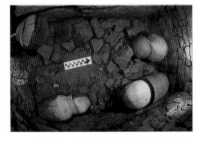

전라남도 나주시 다시면 복암리 3호분 내부_
돌방무덤(석실분) 안에 독으로 만든 관들이
놓여 있다. 영산강 유역에서는 지금까지 160여
개소에서 500여 기의 석실분이 발견되었다.

금동관 _ 전라남도 나주시 반남면 신촌리 9호분
을관 출토. 높이 25.5cm.

은화관식 _ 전라남도 나주시 다시면 복암리
3호분 7호 석실 출토.

5세기가 되면 상황은 바뀐다. 전라남도 나주시 반남면 일대의 옹관 고분들(5세기 중반 이후)은 영암 것과 달리 대체로 사각형이나 원형을 띠며 껴묻거리도 훨씬 풍부하다. 특히 반남면 신촌리 고분에서는 금동관과 금동 신발, 봉황 무늬 환두대도 등 왕의 무덤에서 나오는 껴묻거리에 버금가는 유물이 출토되었다. 이곳의 금동관이나 금동 신발은 백제 왕족이 다스리는 행정 구역인 '담로'(47쪽 참조)가 설치되었던 전라북도 익산시의 입점리에서 출토된 것과 비슷하다. 무령왕릉 것과도 무늬에 약간 차이가 있지만 제작 방식은 거의 같다. 단, 환두대도는 무령왕릉 것보다는 위상이 낮다.

이 물건들은 자체 제작품이 아니라 백제 중앙에서 하사한 것이다. 만약 무덤의 주인들이 스스로 이런 물건을 제작했다면, 그들이 하사의 주체가 될 수도 있었으므로 주변에서 비슷하거나 등급이 낮은 것이 출토되어야 할 것이다. 하지만 그런 것은 나오지 않았다. 따라서 금동관과 금동 신발은 백제 중앙 정부가 이 지역 최고 통치자에게 하사하고 지배력을 행사한 증거물로 보아야 할 것이다.

나주시 다시면 복암리 3호분(5세기 후반~6세기 초)에서 독무덤과 섞여 있는 횡혈식 석실분은 영산강 유역에 밀려든 백제의 물결을 암시하고 있다. 횡혈식 석실분은 백제 중앙에서 사용하는 무덤 형식이기 때문이다. 이러한 돌방무덤이 토착적인 독무덤과 섞인 채 존재한다는 것은 이 지역 사람들이 고유의 생활 문화를 유지하면서도 백제의 영향을 받기 시작했다는 것을 의미한다.

독이 들어 있는 이 무덤 속 돌방에서 출토된 금동 신발은 무령왕릉의 것과 똑같은 무늬를 하고 있다. 나아가 이 무덤에서는 백제의 6관등인 나솔(奈率) 이상만이 착용할 수 있는 은화관식(銀花冠飾)도 출토되었다. 중앙의 관등을 소지한 인물의 무덤이 이 지역에서 나타났다는 것은 무엇을 뜻할까? 그것은 백제 중앙이 토착 실력자에게 금동관을 하사하여 간접적으로 이 지역을 지배하는 단계에서 더 나아가 이 지역을 자신의 통치 체계에 편입시켰음을 웅변한다.

그러나 이처럼 영산강 유역이 백제의 직접 지배 아래 편입되는 과정은 독무덤과 돌방무덤이 뒤섞인 무덤 형태에서도 알 수 있듯 일방적이기보다는 서로의 필요에 따라 평화적인 방법으로 진행되었다. 백제 중앙 세력은 영산강 유역처럼 물산이 풍부한 지역을 가짐으로써 국가 운영의 물질적인 기반을 확보할 수 있었다. 그리고 이 지역의 토착 실력자들도 이제는 더 이상 유지하기 힘든 연맹체적 사회 운영 체계를 바꾸어 가는 데 백제 중앙 권력을 배경으로 삼을 수 있었을 것이다.

이제 영산강 유역은 방·군·성이라는 백제의 행정 단위로 새롭게 편제되어 방령·군장·성주라는 백제 지방관의 다스림을 받기 시작했다.

● 생산의 혁신

고대 산업의 중심은 농업이고, 농업 생산력이 발전하는 만큼 문명의 크기도 커졌다. 농업 생산력은 금속기, 특히 철제 도구의 성능에 비례했다. 이 같은 금속기의 가공은 수공업의 발전을 가져왔고 기계 장치의 개발을 앞당겼다.

낫 : 기원전 1300년경 이집트 벽화의 한 장면. 낫의 등장은 대량 수확을 가능하게 해주었다. 낫 안쪽에 작은 날들이 박혀 있다.

우경 : 기원전 5세기경 그리스 시대 모형. 농사일에 소를 이용함으로써 인류는 고된 밭갈이 작업으로부터 해방될 수 있었다.

집약 농경 : 중국 한나라 때 그림. 이랑 재배와 괭이를 이용한 집약 농경은 중국에서 기원전 6세기경 시작되었다 (서양은 18세기).

철제 농기구 : 왼쪽은 고구려 고분 벽... 매다는 고구려의 철제 보습(높이 44... 돌 도구를 대신하면서 인류의 농업 생...

● 기계 장치와 건축

고대인이 이룩한 진보 가운데서도 괄목할 만한 것은 수학의 발전이었다. 그들은 이에 기초하여 시간과 날짜, 물건의 무게·길이·면적·방위·부피 등 땅과 바다 위의 모든 것을 수치로 나타내기 시작했다.

해시계 : 기원전 1400년경 이집트에서 사용한 것. 가운데 구멍에 바늘을 세우고 해 그림자가 가리키는 방향에 따라 시각을 측정한다.

달력 : 기원전 46년에 제작된 로마 시대의 달력. 맨 위의 막대는 요일, 오른쪽은 날짜, 왼쪽은 달을 표시하고 있다.

저울 : 고대 그리스 그림. 상품의 무게를 재고 있는 모습이 흥미롭다. 저울은 고대 이집트에서부터 사용하기 시작했다.

백제의 추 : 한 근(一斤)의 무게에 맞춘 것임을 표시하고 있다. 백제에서도 ... 사용이 일반화되었음을 말해 준다.

● 운송과 교통

생활 영역이 넓어지고 국가간·지역간 교류가 활발해지면서 사람과 물건을 실어 나르는 도구와 차량, 선박의 발달 속도가 빨라졌다. 사람들은 아울러 도로망과 바닷길 같은 교통로도 구축해 나갔다.

지렛대 : 기원전 700년경 메소포타미아 벽화. 오른쪽에는 커다란 지렛대, 아래에는 수많은 썰매, 왼쪽에는 굵은 끈이 네 개 보인다.

도르래 : 고구려 고분 벽화에 나타난 도르래. 장대 한쪽 끝에 두레박, 한쪽에 모래 주머니가 매달려 있어 손쉽게 물을 길어올릴 수 있다.

기중기 : 로마인들이 무거운 물건을 들어올릴 때 사용한 기계. 건축술이 발달한 로마에서 돌을 들어올리는 기계는 필수적이었다.

연 : 기원전 4~5세기경 중국에서 발... 처음에 연은 인간이 갈 수 없는 곳에... 물건을 운반하는 운송 수단으로 이용...

● 의약품·문방구

인체를 분석적으로 대하는 양방(洋方), 기(氣)의 흐름을 중시하는 한방(漢方)은 고대부터 뚜렷이 구분되어 발전했다. 문명의 필수 도구인 문자를 기록하는 방식은 중국에서 종이와 인쇄술이 발명된 것을 계기로 획기적으로 발전했다.

의학의 신 : 기원전 7세기경 손에 파피루스 문서를 든 의신(醫神) 임호테프의 청동 좌상. 본래 기원전 2650년경의 대학자였다.

인체 해부 : 헬레니즘 시대에 최초의 인체 해부가 이루어졌다. 사진은 인간의 허파와 기관을 나타낸 그 시대의 테라코타 작품.

외과 수술 : 왼쪽은 외과 의사가 트로이의 영웅 아에네아스의 상처를 치료하는 장면으로 폼페이 벽화이고 오른쪽은 폼페이에서 출토된 핀셋 가위 등 외과용 의료 기구들이다. 서양에서 외과수술이 일찍부터 발달했음을 보여 준다.

● 생활의 향기

기술의 발전은 필연적으로 풍부하고 윤택한 생활을 누리려는 사람들의 욕구를 자극한다. 각종 악기와 오락 도구 등이 발전하고, 주방용품·욕실용품·외출용품 등도 기능적 도구를 넘어 예술품으로까지 승화되고 있다.

이집트 토기 : 기원전 1200년의 꽃병. 500~1150℃에서 구운 질 좋은 토기. 표면에 이집트 병사들의 모습을 사실적으로 그렸다.

중국 자기 : 3세기에 발명된 중국 자기. 반투명 무흡수성 용기로, 점토 표면에 유약을 바르고 약 1280℃의 고온에서 구워 낸다.

체크 무늬 천 : 기원전 1000년 전후 중국 서주(西周) 시대의 모직 옷감이다. 여러 가지 색깔의 염료를 사용하였다.

구두 : 그리스 시대 꽃병 그림. 한 소... 탁자 위에 있고 신발 만드는 사람... 맞는 본을 뜨고 있다.

…에 나오는 야철신의 모습이고, 오른쪽은 쟁기 끝에 …4cm)이다. 단단하여 오래 가는 철제 농기구가 기존의 …산력은 비약적으로 발전하였다.

파종기 : 기원전 2세기경부터 중국에서 사용된 씨뿌리는 기구. 아래의 작은 쟁기가 땅을 파면 위에 부착된 파종기에서 씨앗이 떨어진다.

저수지 : 백제의 거대한 인공 연못 궁남지. 농사에 필요한 물을 안정적으로 확보하는 시설은 일찍이 농사의 시작과 함께 연구되었다.

수력과 수차 : 물을 동력으로 이용하는 것은 가축을 이용하는 것보다 훨씬 나중 일이다. 중국에서는 1세기 때부터 수력을 이용했다.

농사 핵 : 6세기에 편찬된 중국 농서 『제민요술』. 농업 기술과 농민 생활 전반에 관한 사항들을 적고 있다.

…하는 …울

자와 컴퍼스 : 중국 당나라 시대 그림. 복희와 여와가 한 손에 곡자와 컴퍼스를 갖고 있다. 이런 측량 도구는 오래 전부터 사용되었다.

나침반 : 기원전 4세기 중국인이 발명했다. 사진은 간단한 항해용 나침반. 물을 넣고 자성을 띤 바늘을 띄워 남북을 가리키게 했다.

지진계 : 2세기 중국. 청동 구슬이 용의 입에서 두꺼비의 입으로 떨어지는 것을 보고 지진 발생 사실과 진원지를 알 수 있다.

최초의 자동 제어 장치 : 3세기 중국의 '지남거'. 수레가 어느 방향으로 가도 인형의 팔은 항상 남쪽을 가리킨다.

양수기 : 기원전 3세기 아르키메데스의 발명품. 나사의 원리를 이용, 손잡이를 회전시키면 아래의 물을 끌어올릴 수 있다.

…경되었다. …러 가지 …되었다.

말 : 헬레니즘 시대에 만들어진 말 달리는 소년의 청동상. 말은 알렉산더의 정복 도구로, 대륙간 운송 수단으로 널리 애용되었다.

바퀴 : 인더스강 골짜기에서 발견된 토기 인형. 나무를 깎아 만든 초기 바퀴는 기원전 2000~3000년경부터 이용되었다.

가마 : 중국 북위 시대 병풍 그림. 차양이 설치된, 네 사람이 메는 사인교이다. 고구려 안악 3호분에도 비슷한 가마가 나온다.

도로와 이정표 : 오른쪽은 로마 시대의 유명한 아피아 도로(폭 8m, 길이 540m)이고, 왼쪽은 로마의 이정표다. 로마는 넓은 지역을 통치하기 위해 곳곳에 넓고 긴 도로망을 건설했다. 로마 도로는 또한 콘크리트와 자갈돌을 이용하여 여러 층으로 포장한 길로도 유명하다.

…린

중국 고대 의학서 : 기원전 2세기 중국 한나라의 의학서 『황제내경』(18권). 기·혈·경맥 등 한의학의 기본 개념이 담겨 있다.

침 : 중국의 오래된 의료 도구인 침과 경혈의 위치를 나타낸 인체 모형. 침술에 관한 가장 오래된 기록은 2세기 후한대의 것이다.

갑골 문자 : 문자와 비슷한 기호가 새겨진 거북 껍질. 중국인이 거북 껍질과 짐승 어깨뼈에 상징을 새긴 것이 한자의 기원이다.

알파벳 : 알파벳이 포함된 그리스 문자이다. 페니키아 상인들이 개발하고 그리스인이 변형시킨 문자가 현대 알파벳의 기초이다.

파피루스 : 이집트의 파피루스. 파피루스는 영어 'paper(종이)'의 어원이다. 그을음으로 만든 잉크로 그 위에 글씨를 썼다.

…이 …발에

로마인의 신발 : 가죽으로 성기게 엮은 샌들(위)과 묵직한 도시용 신발(아래). 샌들은 보통 집안에서나 시골에서 신었다고 한다.

안대 : 5~6세기경 중앙아시아 투르판에서 사용되던 눈가리개. 금속 제품으로 오늘날의 선글라스를 연상시킨다.

화장 도구 : 로마 시대의 화장품 상자. 안색을 밝게 하는 백묵과 하얀 납을 비롯해 눈화장용재, 입술 화장용 빨간 황토도 보인다.

거울 : 한반도에서 출토된 청동기 시대 거울. 고대의 거울은 얼굴을 비추는 용도 외에 주술적 용도로도 사용되었다.

우산 : 중국 북위 시대 병풍의 그림. 최초의 우산은 비단으로 만들었고, 4세기경부터 기름 종이를 사용한 우산이 등장했다.

가락바퀴 : 기원전 1800년경 이집트 벽화.
두 개의 가락바퀴를 이용하여 실을 뽑는다.
방적은 기원전 5000년경부터 시작되었다.

베 짜는 기계 : 기원전 560년경 그리스 항아리에
새겨진 그림. 날실을 길게 늘어뜨리고 씨실을
가로로 교체시키면서 옷감을 짠다.

풀무 : 기원전 1500년경 이집트 고분 벽화.
풀무는 금속을 녹일 수 있는 강한 화력을 얻기
위해 화로에 바람을 불어 넣는 도구이다.

지하 시추 : 1세기경 중국 벽화. 중국인은 기원전 1세기에 이미 소금을 찾기 위해 지하
4800척까지 구멍을 팠다. 그림 왼쪽에 염수를 채우는 노가 보인다. 염수가 들어 있는
양동이를 네 명의 남자가 들어올리는 한편, 빈 양동이를 내려보내고 있다.

사슬 펌프 : 1세기 이전부터 사용된 중국의
양수 시설. 발로 밟아 가동하는 펌프로
중국에서 널리 권장되었다.

아치 : 3층의 아치로 되어 있는 이 시설물은 로마 시대의 수로로서, 높이 48m, 길이 약 50km
의 대규모 건축물이다. 활 모양의 아름다운 아치를 쌓는 기법은 건축 기술상 대단히 어려운
작업인데, 백제 무령왕릉도 이와 같은 아치로 되어 있다.

고층 건물 : 중국 후한 시대 무덤에서 나온
건물 모형. 장원 경제가 발달한 이 시기 중국
에서는 웅장한 고층 누각 건물이 발달했다.

온돌 : 고구려 무덤에 부장된 온돌 모형.
방바닥을 데우는 온돌은 우리 나라에서
발명된 독특한 난방 시설이다.

를 이용한 배 : 아시리아 시대의 작품. 배를
이용하여 목재를 나르는 장면의 일부로,
배의 형태와 노의 모습이 선명하다.

키 : 중국에서 1세기에 만들어진 도자기에
배의 방향을 조정하는 키가 표현되어 있다.
세계에서 가장 오래된 키의 흔적이다.

당나라로 가는 배 : 백제의 조선술을 전수받은
7세기 왜의 배를 복원한 모습. 당시 백제와 중
국을 오가던 배도 이런 모습이었을 것이다.

항해 일지 : 파피루스에 새겨진 이집트의
항해 일지. 고대 이집트 문학의 걸작으로
높은 평가를 받고 있다.

세계 지도 : 가장 오래된 바빌로니아 시대의
세계 지도. 점토판에 바빌로니아, 아시리아,
그 밖의 지방을 원 모양으로 표시했다.

: 2세기 초, 중국인 채륜이 이전부터 사용
것을 개량했다. 섬유를 엉겨붙게 해서 만든
는 파피루스와 질적으로 강도가 달랐다.

벼루 : 백제의 벼루. 먹은 중국에서 2세기경
발명되었다. 그을음을 응축한 먹과 먹을 가는
도구인 벼루는 동양의 기본적인 필기 도구.

도장 : 중국 한나라 시대에 만들어진
'봉니(封泥)'라는 도장의 일종. 점토에
문자를 새겨 편지나 서류를 마감한다.

인쇄 : 중국 당나라 때인 868년에 제작된 불교 경전 『금강반야바라밀경』. 경주 석가탑의
다라니경과 더불어 지금까지 남아 있는 가장 오래된 목판 인쇄본 가운데 하나이다.

육탕 장식 : 로마의 목욕탕 모자이크. '목욕
을 즐기라'고 적혀 있다. 로마에서는 천연
천이 나오는 곳에 목욕탕을 많이 지었다.

악기 : 왼쪽은 중국 후한 시대의 흙 인형. 왼손에 북, 오른손에 북채를 잡고 흥겹게 춤추는
모습이 흥미롭다. 북은 인류가 만든 가장 오래된 악기이다. 오른쪽은 백제금동대향로에
묘사되어 있는 악사의 모습으로, 들고 있는 악기는 기타와 닮은 완함이다.

오락기 : 왼쪽은 이집트 고분 벽화의 체스하는 장면. 오른쪽은 중국 당나라 시대 회화에
묘사된 바둑 두는 장면. 경기 방법이 오늘날과 같지는 않았겠지만, 고대 인도 이와 같은
두뇌 오락을 즐기고 있었다는 사실을 말해 준다.

찾 아 보 기

┤생활 분야별 찾아보기├

생활 분야별 찾아보기

백 제 생 활 관 도 서 실

━총류

• 고려대학교 민족문화연구원, 『한국민속문화대관』(CD-ROM),
  나모 인터랙티브, 1998.
• 두산동아백과사전연구소, 『두산세계백과사전』, 두산동아, 1996.
• 중·고교 『국사』 교과서.
• 중·고교 『역사부도』.
• 한국민족문화대백과사전 편찬부, 『한국민족문화대백과사전』,
  한국정신문화연구원, 1991.
• 한국민족사전 편찬위원회, 『한국민속대사전』, 한국사전연구사, 1997.
• 中國歷史博物館, 『簡明中國文物辭典』, 福建人民出版社, 1991.

━통사·분야사

• 高裕燮, 『韓國塔婆의 研究』, 同和出版公社, 1975.
• 공주시, 『공주의 문화 유적─무령왕릉 공산성을 찾아서』, 2000.
• 과학백과사전출판사, 『조선전사』 4, 1979.
• 국립부여문화재연구소 편, 『사비도성과 백제의 성곽』, 서경문화사.
• 국사편찬위원회, 『한국사』 6, 1995.
• 權兌遠, 『古代韓民族文化史研究』, 一潮閣, 2000.
• 김영심, 「百濟 地方統治體制 研究 : 5~7세기를 중심으로」, 서울대학교 박사학위 논문,
  1997.
• 김원룡, 『韓國美의 探究』, 열화당, 1978.
• 김유진 지음·이제호 그림, 『백제 이야기』, 창작과비평사, 1995.
• 김태식, 『풍납토성 500년 백제를 깨우다』, 김영사, 2001.
• 盧重國, 『百濟政治史研究』, 一潮閣, 1988.
• 량연국, 『조선 문화가 초기 일본 문화 발전에 미친 영향』, 사회과학출판사, 1991.
• 로버트 템플 지음·과학세대 옮김, 『그림으로 보는 중국의 과학과 문명』, 까치, 1993.
• 박순발, 『百濟 國家의 形成 研究』, 서울대 고고미술사학과 박사학위 논문, 1998.
• 박순발 외, 『마한사 연구』, 충남대학교 출판부, 1998.
• 박현숙, 『(잊혀진 우리의 역사) 백제 이야기』, 대한교과서, 1999.
• 베르나데트 므뉘 지음, 『람세스 2세』, 시공사, 1999.
• 부여군, 『백제의 고도 부여』, 꿈이있는집, 1998.
• 『빛깔 있는 책들』 1~242, 대원사.
• 사회과학원 력사연구소, 『조선전사』 3, 과학·백과출판사, 1979.
• 사회과학원 력사연구소, 『조선통사』 상, 오월, 1988.
• 세계사신문편찬위원회, 『세계사신문』 1, 사계절출판사, 1998.
• 손재화, 『선조들이 우리에게 물려준 고대 하이테크 100가지』, 일빛, 2000.
• 송형섭, 『일본 속의 백제 문화』, 한겨레, 1988.
• 신영훈, 『한국의 살림집 상─한국 전통 민가의 원형 연구』, 열화당, 1983.
• 엘리자베스 다비드 외 1인, 『람세스 2세』, 창해, 2000.
• 역사문제연구소, 『사진과 그림으로 보는 한국의 역사1』, 웅진출판, 1993.
• 역사신문편찬위원회, 『역사신문』 1, 사계절출판사, 1996.
• 『원시에서 현대까지 인류 생활사』, 동아출판사, 1994.
• 유홍준, 『나의 문화유산답사기』 3, 창작과비평사, 1997.
• 윤무병, 『백제 고고학 연구』, 충남대학교 백제연구소, 1992.

• 이경재, 『일본 속의 한국 문화재』, 미래 M&B, 2000.
• 李基東, 『百濟史研究』, 一潮閣, 1996.
• 이도학, 『(새로 쓰는) 백제사 : 동방의 로마제국 백제사의 복원』, 푸른역사, 1997.
• 이만열, 『한국사 연표』, 역민사, 1985.
• 이병호, 『백제 사비도성의 조영과 도성 구획』, 서울대 국사학과 석사학위 논문, 2000.
• 이이화, 『한국사 이야기』 3, 한길사, 1999.
• 임홍락 외, 『古都 益山』, 익산문화원, 1994.
• 임효택·이인숙 외, 『유물은 스스로 말하지 않는다』, 푸른역사, 2000.
• 張慶浩, 『百濟 寺刹建築』, 藝耕産業, 1990.
• 전창기, 『알기 쉬운 미륵사지』, 1999.
• 정영호 감수, 『그림과 명칭으로 보는 한국의 문화유산』, 시공테크, 1999.
• 정종목, 『역사 스페셜』, 효형출판, 2000.
• 조선일보사, 『일본 속의 한민족사』, 조선일보사, 1987.
• 조유전, 『발굴 이야기』, 대원사, 1996.
• 천득염, 『백제계 석탑 연구』, 전남대학교출판부, 2000.
• 최몽룡, 『백제를 다시 본다』, 주류성, 1998.
• 忠南大學校百濟研究所 編, 『百濟佛敎文化의 研究』, 書景文化社, 1993.
• 忠南大學校百濟研究所 編, 『百濟史의 比較研究』, 書景文化社, 1993.
• 한국문화유산답사회, 『답사 여행의 길잡이』 4 충남편, 돌베개, 1995.
• 한국역사연구회, 『문답으로 엮은 한국 고대사 산책』, 역사비평사, 1994.
• 한국역사연구회 편, 『역사 문화 수첩』, 역민사, 2000.
• 한국역사연구회, 『삼국시대 사람들은 어떻게 살았을까』, 청년사, 1998.
• 한병삼 외, 『羅州地域 古代社會의 性格』, 나주시·목포대학교 박물관, 1999.
• 한영우, 『다시 찾는 우리 역사』, 경세원, 1997.
• 한흥섭, 『악기로 본 삼국시대 음악 문화』, 책세상, 2000.
• 히라타 유타카 저·한국과학문화재단 편, 『그림으로 보는 과학 문명의 역사』 1, 서해문집,
  1997.
• Joseph Needham, *Science and Civilisation in China*, Cambridge University
  Press, 1984.
• *Chronicle of the World*, DK, 1996.
• *ART*, DK, 1997.
• *Peoples and Places of the Past*, NGS, 1983.
• 大川淸 編, 『百濟の考古學』, 雄山閣, 1972.
• 都出比呂志, 『日本農耕社會の成立過程』, 岩波書店, 1989.
• 工樂善通, 『水田の考古學』, 東京大學出版會, 1988.
• 乙益重隆 文·加藤愛一 繪, 『邪馬台國の誕生』, 敎育社, 1993.
• 田中俊明·東潮 編著, 『韓國の古代遺跡一 百濟·伽倻篇』, 中央公論社, 1989.
• 『世界の歷史』, 朝日新聞社, 1989~1991.
• 權五榮, 「한국 고대의 聚落과 住居」, 『韓國古代史研究』 12, 서경문화사, 1997.
• 李弘鍾, 「韓國 古代의 生業과 食生活」, 『韓國古代史研究』 12, 서경문화사, 1997.
• 全德在, 「백제 농업기술 연구」, 『韓國古代史研究』, 서경문화사, 1999.

자 료 제 공 및 출 처

—도록・보고서

• 『공주의 문화 유적』, 공주시, 2000.

• 『국립공주박물관』, 1999.

• 『국립민속박물관』, 1993.

• 國立扶餘文化財研究所, 『宮南池』(發掘調査報告書), 國立扶餘文化財研究所 學術研究叢書 第21輯, 1999.

• 『국립부여박물관』, 1997.

• 국립부여박물관, 『백제』, 통천문화사, 1999.

• 『국립전주박물관』, 1990.

• 『국립중앙박물관』, 1997.

• 국립중앙박물관, 『百濟 武寧王陵遺物 特別殿』, 1971.

• 『금동용봉봉래산향로 : 특별전』, 국립부여박물관, 1994.

• 김길빈, 『우리 민속 도감』, 예림당, 1999.

• 김남석, 『우리 문화재 도감』, 예림당, 1998.

• 『論山 六谷里 百濟古墳 發掘調査報告書』, 百濟文化開發研究院, 1988.

• 『만화로 보는 국립부여박물관』, 도서출판 호산, 2000.

• 『夢村土城』, 서울대 박물관, 1988.

• 『무녕왕릉』, 문화공보부 문화재관리국, 1973.

• 『박물관 이야기』, 국립부여박물관, 1999.

• 『발굴 유물 도록』, 서울대학교 박물관, 1997.

• 『백제』, 국립중앙박물관, 1999.

• 『百濟瓦塼圖錄』, 百濟文化開發研究所, 1983.

• 『百濟土器圖錄』, 百濟文化開發研究所, 1984.

• 『百濟의 服飾』, 百濟文化開發研究所, 1985.

• 『百濟彫刻・工藝圖錄』, 百濟文化開發研究所, 1992.

• 『백제금동대향로와 창왕명사리감』, 국립청주박물관, 1996.

• 『백제를 찾아서』, 국립공주박물관, 2000.

• 『쌀』, 국립중앙박물관, 2000.

• 소영선, 『다시 만난 백제』, 눈빛, 1998.

• 『용인 수지 백제 주거지』, 한신대학교 박물관, 1998

• 전라북도 익산지구 문화유적지 관리사업소, 『미륵사지 유물 전시관』, 미륵사지유물전시관, 1997.

• 『艇止山』, 국립공주박물관, 1999.

• 『한국 복식 2000년』, 국립민속박물관, 1997.

• 한신대학교 박물관, 『서울시 풍납동 경당연립 부지 유적 발굴조사 중간보고』, 1999.

• 入江泰吉, 『法隆寺』, 小學館, 1989.

• 『廣隆寺』, 廣隆寺.

• 『法隆寺—夢殿觀音と百濟觀音』, 岩波書店, 1993.

• 大西 修也, 『法隆寺』, 小學館, 1990.

• 『よみがえる古代船と5世紀の大阪』, 大阪市, 1989.

• 『正倉院の寶物』, 平凡社, 1981.

• 『中國歷代藝術—繪畵編(上)』, 中國人民美術出版社, 1994.

• 『中國歷代藝術—工藝美術編』, 文物出版社, 1994.

—글

야외전시_차창룡 / 백제실_송호정 / 특별전시실_편집부 / 가상체험실_김장성 / 특강실_권오영·김영심 / 국제실_편집부 / 최종 교열_강응천

—사진

8-9 익산 미륵사_소영선 / 10 서산 마애불_소영선 / 11 산수무늬 벽돌_손승현 / 12-13 궁남지_소영선 / 14 석수_소영선 / 15 무령왕릉 내부_손승현 / 16-17 몽촌토성_소영선 / 20-21 풍납토성 발굴 장면_손승현 / 26 집터_국립문화재연구소 / 27 도마_국립중앙박물관, 발화석_권오영, 쌍단지_서울대박물관, 방추차와 어망추_손승현 / 28 저장 토기_서울대 박물관 / 29 지게 발채_국립부여박물관, 자귀·꺽쇠_권오영, 철제 삽날을 끼운 가래_국립중앙박물관, 철제 살포_국립중앙박물관, 나무삽_순천대 박물관 / 31 거푸집_손승현·국립부여박물관, 풍납토성_국립문화재연구소, 목간_국립부여박물관 / 34 표석_국립부여박물관 / 35 암막새_국립공주박물관, 관북리 유적_국립부여박물관, 벽돌_손승현·국립부여박물관 / 36 은제 귀이개_서울대박물관, 은제 유리공_국립부여박물관, 삼족기_국립부여박물관, 벼루_국립부여박물관, 초두_국립중앙박물관 / 37 호자_국립부여박물관, 사택지적비_국립부여박물관 / 38-39 궁남지·악사_손승현 / 39 바둑판·바둑돌_『正倉院の寶物』 / 40 봉황 장식_일산대_국립부여박물관, 귀걸이·금모 곡옥_국립공주박물관 / 41 왕의 관식_국립공주박물관 / 42-43 오수전·환두대도·금제 뒤꽂이·유리 동자상·청동 신수 무늬 거울·동제 잔받침과 은잔·청동제 다리미·금동 신발·나무 베개장식·팔찌_국립공주박물관 / 44 망새(치미)_손승현·미륵사지 유물전시관 / 46 돌 풍경_손승현 / 47 미륵사지 전경_미륵사지 유물전시관 / 48 미륵사지 석탑_미륵사지 유물전시관 / 48-49 정림사지 5층 석탑_손승현, 청동제탑_국립부여박물관 / 50 기와 가마_국립부여박물관, 문자 기와_국립중앙박물관 / 51 벽돌 글자_국립공주박물관, 한성 시대_국립중앙박물관·서울대 박물관, 웅진 시대_국립공주박물관·국립부여박물관, 사비 시대_국립부여박물관 / 52 서산 마애삼존불_손승현 / 53 백호도·납석제 불좌상_국립부여박물관, 금동미륵보살반가사유상_국립중앙박물관 / 54-55 북위 여래좌상_『한국 미의 탐구』(열화당), 청자 항아리·양모양청자_국립중앙박물관, 당나라로 가는 배 모형_고베 시립박물관, 무령왕릉_백제문화개발연구원 / 56-57 백제역_『일본 속의 한민족사』(조선일보사), 미륵보살반가상_『廣隆寺』, 『양직공도』_『中國歷代藝術』, 칠지도_국립부여박물관, 옥충주자_入江泰吉, 호류지_『法隆寺西院伽藍』(岩波), 쇼토쿠 태자상_일본 궁내청 / 58 석조 사리감_국립부여박물관 / 59 백제금동대향로_국립중앙박물관, 물결 사진_손승현 / 60 연화화생 파노라마_손승현 / 61-62 연꽃 세상의 동물들_손승현 / 60-62 백제금동대향로 파노라마_손승현(자료 제공_조백, 펼침 작업_김영철) / 65 인물 사진_손승현 / 69 송산리 고분군_국립공주박물관 / 71 연꽃 무늬 벽돌_국립부여박물관, 무령왕릉 발굴 상태_국립문화재관리국 / 72 받침돌·묘지석_국립공주박물관 / 73 무령왕릉 입구_국립문화재관리국, 돌짐승_국립공주박물관 / 74 돌짐승_국립공주박물관, 무령왕릉 내부 재현_롯데월드 민속박물관, 무령왕릉 내부 전개도_『사진과 그림으로 보는 한국의 역사 1』(웅진출판) / 75 무령왕릉 관 복원_롯데월드 민속박물관 / 76 한강변 지도_김태식 / 77 석촌동 3호분 조사 광경_서울대 박물관, 수막새_서울대 박물관 / 78 몽촌토성 전경_국립중앙박물관, 그릇받침_서울대 박물관 / 79 풍납토성_백제문화개발연구원 / 81 옹관묘 전경_국립문화재연구소 / 82 돌방무덤_국립문화재연구소, 금동관_국립중앙박물관, 은화관식_국립문화재연구소 / 83 광주시 명화동 고분 전경_국립광주박물관, 큰 칼 모양 하니와_일본 문화청, 원통 모양 토기_전남대 박물관 / 84 청동마차_『中國歷代藝術』 / 85-87 우경·노를 이용한 배·의학의 신·이집트 토기·로마인의 신발·화장도구_『원시에서 현대까지 인류생활사』, 농사 책·도로와 이정표·항해일지·세계지도·중국고대의학서·침·도장·인쇄·안대_『世界の歷史』, 저수지_국립부여박물관, 지진계·최초의자동제어장치_『그림으로 보는 중국의 과학과 문명』, 해시계·인체해부_『그림으로 보는 과학문명의 역사1』, 말_ART, 고층건물·키·체크무늬천·중국자기·악기(북)_『中國歷代藝術』, 달력·알파벳_Chronicle of the World, 바퀴·아치·갑골문자·파피루스·기중기·나침반_Peoples and Places of the Past

—그림

22-23 한강변 백제 마을_류동필 / 24-25 농사 기술_류동필 / 25 무안군 양장리 일대의 지형_이해직 / 26 잔칫상_이해직 / 26-27 잔치_김병하 / 28 저장 구덩이_김병하 / 29 철제 살포_이해직 / 30-31 토목 공사_류동필 / 32-33 사비 도성_김병하 / 34-35 도성 거리_류동필 / 37 백제 귀족_김은정 / 40-41 왕과 왕비_김은정 / 44-46 미륵사_서희정 / 50-51 기와 공장_김은정 / 51 와박사_김은정 / 54-55 제사터·고구려 무덤·대불_이해직 / 63-65 금동대향로는 어떻게 만들었을까_이해직 / 68-75 무령왕릉의 과거와 현재_이진·이해직

※ 한국생활사박물관 편찬위원회는 이 책에 실린 모든 자료의 출처를 찾기 위해 최선을 다했습니다. 누락이나 착오가 있으면 다음 쇄를 찍을 때 꼭 수정하도록 하겠습니다.

한국생활사박물관 04「백제생활관」

2001년 4월 7일 1판 1쇄
2023년 3월 31일 1판 13쇄

지은이 : 한국생활사박물관 편찬위원회
편집관리 : 인문팀

출력 : 블루엔 / 스캔 : 채희만
인쇄 : 천일문화사
제책 : 책다움
마케팅 : 이병규·이민정·최다은·강효원
홍보 : 조민희

펴낸이 : 강맑실
펴낸곳 : (주)사계절출판사
등록 : 제406-2003-034호
주소 : (우)10881 경기도 파주시 회동길 252
전화 : 031)955-8588, 8558
전송 : 마케팅부 031)955-8595 편집부 031)955-8596
홈페이지 : www.sakyejul.net 전자우편 : skj@sakyejul.com
블로그 : blog.naver.com/skjmail
페이스북 : facebook.com/sakyejul
트위터 : twitter.com/sakyejul

저작권자와 맺은 협약에 따라 인지를 생략합니다.

ISBN 978-89-7196-684-6
ISBN 978-89-7196-680-8(세트)